CORRE PARA GANAR

Disciplinas para llegar a la meta del Ministerio Juvenil

Dennis Poulette

Edición: Edgar David Miranda

Diseño de portada: Néstor Carrillo

www.ministeriojuvenil.com

ISBN: 978-0615811857

"Todos los deportistas se entrenan con mucha disciplina. Ellos lo hacen para obtener un premio que se echa a perder; nosotros, en cambio, por uno que dura para siempre." - 1 Corintios 9:25

A Janell. Gracias por tu amor, amistad, y apoyo. Te amo.

A mis hijos. Gracias por enseñarme tanto acerca de Dios.

A mis estudiantes. Gracias por su esfuerzo en clase y en el ministerio.

A mis papás. Gracias por encomendarme en el camino del Señor.

A la comunidad de líderes juveniles de ministeriojuvenil.com. Gracias por su trabajo con los adolescentes, jóvenes, y sus familias.

A Joe Gauthier. Gracias por ser mi amigo y pastor.

A Dios sea la gloria.

Índice

PROLOGO

Ganar es una de la emociones mas intensas que todo ser humano puede sentir. ¡Se altera tu ritmo cardíaco, se agudizan tus terminaciones nerviosas, se reprograman tus ideales y entiendes que puedes lograr lo imposible! Y justo eso es lo que tu y yo como líderes de jóvenes y adolescentes debemos encarar: "Lo Imposible."

Me emociona mucho el saber que en tus manos tienes un documento que yo entiendo de la siguiente manera: "Imagínate a un explorador despertar un día y sentir algo debajo de su casa de campaña y a escarbar un poco, descubre un tesoro incontable." De pronto a este explorador su vida cambiara para siempre.

Este libro es ese tesoro que tu como líder de Jóvenes has estado buscando! Estos capítulos están llenos de sabiduría, energía e inspiración para convertirte en el mejor líder para tus Jóvenes. Dennis ha escrito magistralmente de manera sencilla lo que puede llevarte a ganar, parando por todos los procesos de esta travesía, desde lo que vive un atleta día a día en su entrenamiento, preparación, alimentación y todo el entorno necesario para correr como los grandes.

Este libro tiene en cada línea un contenido vital que nace de un corazón genuino por ver jóvenes transformados. Así que toma con profundidad todo lo que aquí leerás y aprenderás. Estamos viviendo en la etapa mas emocionante en la historia de la humanidad para ser líder de jóvenes, y este libro aterriza justo a tiempo para equiparnos e impulsarnos a sacar el máximo potencial de nuestro liderazgo y así potencializar la existencia de esta generación.

Tienes en tus manos un tesoro que te hará un líder extraordinario. Así que, busca un café y donde tomar notas para sentarte a platicar con un especialista en correr esta fantástica carrera. Hay una frase que siempre digo…y al leer este libro ahora lo tendré que seguir diciendo pero en mayúsculas: "Como líder de jóvenes: ¡TENGO EL MEJOR TRABAJO DEL MUNDO!"

Así que en sus marcas…listos…¡ganar tu carrera_!

Timmy Ost

Prefacio

He estado escribiendo en ministeriojuvenil.com desde Abril del 2007. En estos años, he aprendido mucho acerca del ministerio juvenil. He escrito muchos artículos sobre varios aspectos del ministerio con jóvenes y adolescentes, y creo que estas ideas y pensamientos son importantes, especialmente para los líderes juveniles que están empezando.

Muchas de las ideas de este libro vienen de la página de ministeriojuvenil.com, pero las actualice para que pudieras leerlas de una forma más sistemática. También agregue algunas cosas muy prácticas y otros pensamientos más completos.

Espero que lo que hay en este libro te pueda ayudar a servir a la juventud en tu contexto. Gracias por lo que haces en el ministerio juvenil. Que Dios te siga usando en las vidas de los jóvenes y sus familias.

INTRODUCCION

En 2012 estaba viendo los juegos olímpicos de Londres, y una de las competencias que me gustaba mas era la de atletismo. Antes de cada carrera había mucha anticipación, emoción, y esperanza en la cara de cada uno de los corredores.

Miraba con ansias mientras se preparaba cada corredor tanto emocional como físicamente para su momento, aquel en el que habían pensado por años. Se estiraban y ponían caras de concentración a fin de estar listos para salir y correr lo más rápido posible. Todo les llevaba a ese instante en que sonaba la pistola y empezaba la carrera. Años de dedicación y esfuerzo les habían llevado finalmente a ese momento de gloria.

Los líderes juveniles también estamos en el comienzo de una carrera. Algunos han esperado mucho tiempo, y por fin tienen la responsabilidad de liderar a los jóvenes. Otros tenemos años en frente de un grupo. No importa cuanto tiempo tengas en el ministerio con jóvenes, todos estamos compitiendo para impulsarlos a tener éxito en sus vidas, y en especial esperamos que conozcan a Jesús de una forma personal y que maduren en su fe.

Estamos corriendo para alcanzar la meta, pero muchas veces se nos escapan las disciplinas fundamentales que necesitamos para ganar la carrera. Es mi deseo que este libro pueda ayudarte a correr de tal manera que puedas ganar. Espero que, al leerlo, puedas poner en práctica esas disciplinas fundamentales y podamos ver a una juventud consagrada a Dios, siguiendo a Jesús con todas sus fuerzas.

El Comienzo de un Ministerio Juvenil

En 1997, por primera vez, Dios me dio el privilegio de ser pastor de jóvenes de una iglesia local. El primer día estaba lleno de alegría y nervios, y la pregunta que constantemente venia a mi mente durante los primeros meses era: "¿Y ahora qué voy a hacer?"

Aunque había estudiado el ministerio juvenil en la Universidad y participado en varios ministerios juveniles como voluntario, sentí la presión de la responsabilidad de ser el pastor de los adolescentes y jóvenes de esta iglesia.

Comenzar un ministerio con jóvenes es difícil, y continuar bien tiene sus luchas también.

Ahora, he tenido la oportunidad de pasar mucho tiempo en el ministerio juvenil tanto en Estados Unidos como en México, y muchas veces los líderes juveniles me hacen la pregunta: "¿Qué hago para crear un ministerio juvenil en mi iglesia?" La preocupación del líder es importante, y quiero contestarles, pero es difícil darle una respuesta adecuada porque no hay una sola respuesta. No existe una fórmula mágica que puedas seguir para implementar un ministerio juvenil exitoso en tu iglesia. Hay principios bíblicos que puedes seguir y cosas que puedes hacer para comenzar o continuar bien en el ministerio, pero no existe un manual para llevar a cabo un ministerio juvenil.

Este libro pretende darte algunos consejos para comenzar bien un ministerio con jóvenes de una iglesia local, y espero que puedas usarlos aunque hayas ministrado a jóvenes por mucho tiempo.

De los muchos principios que existen para crear o dirigir un ministerio juvenil en una iglesia local, este libro trata solamente cinco. Estos cinco principios no forman una lista exhaustiva, pero creo que funcionan en cada situación, en cada iglesia, y especialmente funcionarán en tu vida y tu ministerio. Puedes usar los principios de este libro en tu congregación, y con mucha oración y dedicación, verás a Dios hacer algo increíble con los jóvenes de tu iglesia y comunidad.

Bob Knight, uno de los entrenadores de basquetbol universitario mas exitosos de la historia de los EEUU, decía, "Todos quieren ganar, pero muy pocos están dispuestos a prepararse para ganar." El hecho de que tú estés leyendo estas líneas me dice que estás dispuesto a prepararte para ganar la carrera que es el ministerio con los jóvenes.

Lo que sigue es un resumen de los principios fundamentales que forman la base de este libro. Espero que te ayuden a evaluar tu ministerio para ver qué puedes hacer para poner en práctica los principios del libro y mejorar tu ministerio o comenzar bien la carrera del ministerio con jóvenes.

Capturar y compartir la visión y propósito. Muchas iglesias llevan años trabajando con jóvenes pero no ven resultados. Llevan mucho tiempo planeando actividades y reuniones, haciendo campamentos y otros eventos, pero no tienen un impacto duradero en las vidas de los adolescentes. Si no sabes cuál es la visión y propósito de tu ministerio, puedes hacer muchas cosas y tener un ministerio activo, pero no llegarás a tener un impacto en las vidas de los muchachos.

El propósito que Dios tiene para nuestras vidas es que seamos como Cristo (Efesios 4:13). La madurez espiritual es el propósito de todo lo que hacemos en el ministerio juvenil. Si nosotros no entendemos esto o no se lo podemos compartir a la iglesia, solo estamos haciendo actividades con jóvenes.

Crear un Equipo. La Biblia nos dice que "mas valen dos que uno, porque obtienen mas fruto por su esfuerzo." Necesitamos la ayuda de otros para llevar a cabo el ministerio. Tú no puedes tener éxito en el ministerio si tratas de hacerlo todo. Terminarás agotado y frustrado por no haber podido hacer nada. Es importante construir un equipo de personas que te puede ayudar en el ministerio.

De hecho, crear un equipo es una situación en que todos ganan. Los jóvenes y adolescentes necesitan adultos ejemplares en sus vidas, y tú necesitas un equipo para poder ministrar a los jóvenes y adolescentes de tu iglesia y comunidad. Así que, crea un equipo para ministrar efectivamente a los jóvenes y sus familias y evita el agotamiento en tu vida y ministerio.

Conocer a los jóvenes y su nivel de madurez espiritual. Si conoces a tus jóvenes, puedes saber cuales son los próximos pasos de crecimiento que necesitan. La única manera de tener este conocimiento es pasar tiempo con ellos. Es otra razón por la cual necesitas un equipo. Trabajando juntos, ustedes pueden saber el nivel de madurez de cada uno de los jóvenes y pueden tener tiempo para enseñares y modelarles el estilo de vida que Dios quiere para ellos.

Conceder responsabilidades a los jóvenes. Una de las preocupaciones sobresalientes que los jóvenes ven en la sociedad es que no tienen muchas oportunidades. Para muchos, hay pocas oportunidades para estudiar, pocos trabajos, y una gran falta de esperanza para una vida mejor. Una encuesta en la página de Especialidades Juveniles pone el desánimo o el desgano en primer lugar cuando se habla de los problemas comunes de los jóvenes de las iglesias.[1] Dales a tus jóvenes una esperanza y oportunidad de ser parte de algo mucho más grande que ellos mismos. Hay una gran necesidad para obreros (Lucas 10:2), y los jóvenes tienen dones y talentos para hacer una contribución y cambiar el mundo.

---

[1] Para ver la encuesta, visita: http://www.especialidadesjuveniles.com/ encuesta_resultados.asp?id=100, accedido el 27 de marzo 2013.

Una de las necesidades básicas en la vida de los adolescentes es la de tener éxito. Obtener éxito en algo les ayuda con su auto-estima. La iglesia debería ser un lugar donde los jóvenes pueden usar sus habilidades y tener éxito con sus dones. Son parte del cuerpo de Cristo, y cada parte tiene su lugar y función. ¡Déjalos usar sus talentos para el Reino de Dios!

Cuidarlos. Una de las responsabilidades más grandes de los líderes juveniles es mostrar interés en los jóvenes. Muchos expertos prefieren llamar al ministerio juvenil "la pastoral juvenil." La palabra "pastoral" tiene un significado que nos hace pensar en el cuidado del rebaño, y de eso se trata el ministerio juvenil. El cuidado personal es la muestra de interés en la vida de alguien más. Si tú puedes brindarles el apoyo y cuidado que están buscando, entonces los estarás ministrando.

En las siguientes hojas, vamos a hablar de estos cinco principios, viendo como podemos trabajar mejor y ministrar más a los jóvenes y adolescentes para que Dios sea glorificado en nuestras vidas, iglesias, y comunidades.

¡Ven conmigo y corramos para ganar!

CAPITULO 1
CAPTURAR Y COMPARTIR LA VISION

"La visión es una imagen del futuro que produce pasión en ti."

- Bill Hybels

Cuando yo estaba en la universidad, quería pasar una de las semanas de vacaciones en casa con mi familia, y encontré a un amigo que iba a Florida en su carro. La universidad quedaba a 12 horas de mi ciudad, y mi amigo iba a pasar por la costa Este del estado. Aunque mi familia vivía en la otra costa, a cuatro horas, decidí viajar con mi amigo y pedir a mi hermana que me recogiera y trajera a casa. Todo estaba listo para nuestro viaje.

Después de 8 horas en camino con mi amigo, llegamos a la ciudad de Daytona, donde mi hermana y mi mamá me estaban esperando en una gasolinería sobre la autopista. Me despedí de mi amigo, me subí en el auto de mi hermana, y en dos minutos me quedé dormido.

Dos horas después, me despertaron para entrar a un restaurante a comer. Comimos algo rápido, cargamos gasolina, y continuamos en el camino. Yo tenía mucho sueño del viaje y me dormí otra vez en el asiento de atrás. Dos horas después, me levanté con ganas de estar en casa, pero me di cuenta que algo estaba mal.

Cuando me desperté vi un letrero que decía, "Bienvenido a Daytona." Pensaba que estaba soñando. Daytona era la ciudad donde mi amigo me había dejado dos horas antes. No podía creer que estábamos llegando otra vez a esta ciudad, pero así era.

Mi hermana se había equivocada después de comer y tomó la carretera en la dirección opuesta. No vio el letrero que decía en que dirección iba. Estábamos llegando a la ciudad de Daytona, a cuatro horas de la casa. Un viaje de 4 horas se había convertido en uno de 8. Yo estaba muy decepcionado, y mi hermana estaba avergonzada por haberse equivocada de tal manera.

Muchos líderes juveniles andan como mi familia ese día, yendo de un lado a otro pero nunca llegando a la meta. Muchos no ven el camino que tienen que tomar para ayudar a los jóvenes, y aunque parece que están progresando, solo están gastando su tiempo en actividades. No tienen la visión necesaria para llegar a la meta.

Los Líderes de Jóvenes y la Visión

Algunos líderes juveniles están en frente de los jóvenes simplemente porque les han dado el trabajo de levantar al grupo de jóvenes en sus iglesias. Es algo que se tenía que hacer, y por una razón u otra, alguien los puso al frente del grupo.

Estos líderes, muchas veces, tienen una visión para el ministerio a muy corto plazo. En otras palabras, están buscando sobrevivir a la reunión del sábado para que puedan empezar con la siguiente actividad que viene en el calendario. No pueden pensar en un ministerio que va mas allá que lo que tienen esta semana.

Los líderes que quieren ver cambios en el mundo tienen una visión más amplia que la que tienen los que solamente buscan sobrevivir.

Cuando empecé a servir en mi primera iglesia, tenía una visión para los muchachos que ya estaban en mi grupo. Era una visión para los siguientes 5 o 6 años. Me puse a pensar en qué quería ver en sus vidas después de su tiempo conmigo y encontré la visión que Dios tenia para ellos durante ese tiempo. Sin embargo, me hacia falta algo: pensar en la visión para la comunidad. Esto vino después, mientras estaba caminando con mi grupo y vi que también había necesidades en nuestra ciudad.

En el ministerio juvenil, muchas veces no hablamos de visión. Puede ser porque el ministerio con jóvenes es tan difícil y cada semana tiene sus propios retos. Los líderes juveniles muchas veces solo ven hasta el domingo en la noche y no tienen un plan para los próximos 5 meses, ni mucho menos para los próximos 5 años. La visión es la habilidad de ver mas allá de lo que está pasando en tu vida o ministerio, y hay muchos beneficios de tener una visión amplia.

Tu visión te ayuda a armar un equipo. La gente quiere seguir a un líder que tiene visión. Cuando un líder habla de su visión, la gente lo ve como alguien que está buscando lograr un cambio en el mundo. Si estás buscando crear un equipo, es bueno tener una clara visión de lo que quieres que te ayuden lograr.

En una ocasión había tres albañiles trabajando en construir una pared. Alguien llegó y pregunto al primero: "Qué es lo que estas haciendo?" Respondió: "¿Qué crees? Estoy poniendo ladrillos." El hombre preguntó lo mismo al segundo albañil, y este contestó, "Estoy construyendo un muro." Cuando le preguntó al tercer albañil que era lo que estaba haciendo, respondió con entusiasmo: "¡Estoy construyendo una iglesia para el Reino de Dios!"

Si puedes comunicar la visión a tu equipo, cada miembro será como el tercer albañil de la historia. Verán su trabajo como algo importante para el reino de Dios, y encontrarás el mejor equipo para tu ministerio.

Tu visión te ayuda a enfocarte. Los líderes tenemos que tomar decisiones acerca de cómo manejamos nuestro tiempo. Hay muchas cosas que compiten por nuestra atención. Si tienes una visión clara, puedes enfocarte en lograr la visión y no solamente hacer las cosas más urgentes que te llegan a la mente. Puedes seleccionar las oportunidades que te van a ayudar a lograr tus metas y vivir una vida enfocada en cumplir con tus propósitos. Tu visión te ayuda tanto a decir "si" a las buenas oportunidades, como "no" a las que no valen la pena.

Tu visión te dice los recursos que necesitas. Es muy difícil encontrar todo lo que necesitas si no tienes una visión clara de lo que quieres lograr. Si quieres construir una casa, después de tener la visión de lo que quieres construir, sabrás los materiales y recursos que necesitas para llevar a cabo el proyecto. Tu visión te da una idea de los recursos económicos que necesitaras para llevar a cabo el ministerio que Dios te ha dado. También, te enseña el tipo de personal que necesitas para hacer lo que Dios te ha llamado a hacer.

Tu visión te anima. Es fácil sentirse solo como líder de jóvenes. Me han llegado muchos correos de líderes desanimados, y personalmente he pasado momentos de desilusión cuando ya no quería seguir corriendo y ministrando. En los momentos de desánimo en el ministerio juvenil, recordar la visión te ayuda a encontrar el ánimo que necesitas para seguir adelante. Ver las cosas como van a ser en el futuro te ayuda a caminar en medio del desánimo y te alienta a pensar en un futuro mejor.

Tu visión te ayuda a evaluar tu ministerio. Muchos de nosotros no sabemos cómo nos va porque nos falta una visión para el futuro. No sabemos si estamos teniendo avances o no, simplemente porque no sabemos hacia dónde vamos. Si tienes una visión clara, puedes evaluar tu progreso y ver desde dónde has venido.

Alguien dijo una vez, "Si no sabes a donde vas, no importa el camino que tomes." La visión es importante para los líderes juveniles. Muchos de nosotros no tenemos una visión para nuestros grupos de jóvenes, y pasamos años en el mismo lugar porque nunca hemos imaginado lo que Dios podrá tener para nosotros y nuestros jóvenes en el futuro.

Si quieres saber cuál debe ser tu visión para el ministerio juvenil, tienes que empezar con la Palabra de Dios. El propósito y la visión de tu ministerio van de la mano, y Dios quiere que usemos la Biblia como el fundamento para todo lo que hacemos. El ministerio juvenil tiene que encontrar su propósito y su visión en las Escrituras.

La Meta del Ministerio Juvenil (y de toda la iglesia)

El propósito Bíblico del ministerio con jóvenes es llevarlos a la madurez espiritual. Lo que Dios quiere para cada cristiano es que seamos como Cristo. Él es nuestro ejemplo y la cabeza de la iglesia. Entonces, la visión del líder juvenil Bíblico es ver a los jóvenes y adolescentes llegar a ser como Cristo. El ministerio juvenil no existe para otra razón. Por supuesto, otras cosas pasan en nuestras vidas y ministerios, pero nuestro propósito principal es llevar a los jóvenes a la madurez espiritual.

Efesios 4:11-13 nos explica que Dios ha dado ciertas personas a la iglesia:

"Él mismo constituyó a unos, apóstoles; a otros, profetas; a otros, evangelistas; y a otros, pastores y maestros, [12] a fin de capacitar al pueblo de Dios para la obra de servicio, para edificar el cuerpo de Cristo. [13] De este modo, todos llegaremos a la unidad de la fe y del conocimiento del Hijo de Dios, a una humanidad perfecta que se conforme a la plena estatura de Cristo."

No hay suficiente espacio en este libro para hablar de la profundidad de este pasaje, pero hay tres cosas a las cuales Dios quiere que lleguemos: la unidad de la fe, la unidad del conocimiento del Hijo de Dios, y una humanidad perfecta que se conforme a la plena estatura de Cristo.

El pasaje también nos explica que es por eso que "Dios constituyó a unos apóstoles; a otros, profetas; a otros, evangelistas; y a otros pastores y maestros." Estas personas tienen un trabajo que hacer: capacitar al pueblo de Dios para la obra de servicio.

Cuando los apóstoles, profetas, evangelistas, y pastores y maestros hacen el trabajo de capacitar al pueblo para la obra, el cuerpo de Cristo será edificado, y llegaremos a la meta que Dios tiene para su Iglesia, en especial la plena estatura de Cristo.

En otras palabras, llegaremos a ser como Cristo.

> "Llegar a la madurez espiritual debe ser lo que nos mueve en todo lo que hacemos en el ministerio con jóvenes."

Esto quiere decir que Dios nos ha dado un trabajo a los pastores y maestros de jóvenes. Este trabajo es capacitar al pueblo de Dios para que haga la obra de servicio y edifique el cuerpo de Cristo. De este modo todos --los jóvenes, sus familias, los adultos, ¡todos!-- llegaremos a la madurez espiritual. Llegaremos a ser como Cristo.

Nuestra visión, entonces, es llegar a la madurez espiritual. Esto debe ser nuestro propósito y lo que nos mueve en todo lo que hacemos en el ministerio con jóvenes.

No lo podemos hacer solos. Es importante que compartamos esta visión con toda la iglesia. Necesita saber de qué se trata el ministerio con jóvenes. Es increíble ver cuántas iglesias tienen una idea equivocada sobre el ministerio juvenil. Un buen líder juvenil sabe cómo compartir la visión del ministerio con el resto de la iglesia.

Como Compartir la Visión

Hace poco participé en una junta para planear un evento, y el que estaba dirigiéndola nos recordaba una y otra vez el propósito no solamente del evento sino de nuestro ministerio. Cada vez que empezábamos a hablar de un detalle del evento, nos regresaba al propósito tanto de nuestro evento como de nuestra organización. Me recordaba de la importancia de compartir la visión una y otra vez.

Algunos líderes piensan que compartir la visión que Dios les ha dado sólo se trata de hacer una bonita presentación en la computadora y pararse enfrente de un grupo para platicar de lo que van a hacer en los próximos meses o años. Sin embargo, compartir la visión no es algo que haces una vez y ya. Es una parte continua del trabajo del líder de jóvenes.

Escribe la visión. Los líderes juveniles pueden aprender algo de la historia del profeta Habacuc y su interacción con Dios. Él estaba por darle una visión a Habacuc sobre algo que iba a ocurrir en el futuro, pero el Señor sabía que Habacuc necesitaba escribirla. Dice en Habacuc 2:2, "Escribe la visión, y haz que resalte claramente en las tablillas, para que pueda leerse de corrido."

Cuando llegué a mi primera iglesia como pastor de jóvenes, sabía que quería ayudar a los jóvenes a llegar a la madurez espiritual, y quería escribir la visión que Dios me había dado para llegar a la meta. Un día, me puse a pensar en las cualidades que quería ver en los chicos cuando salían de nuestro ministerio. Hice una lista de 25 cualidades y las revisaba de vez en cuando para ver como nos iba en el ministerio. Era parte de mi trabajo como pastor de jóvenes, y me ayudaba a evaluar bien nuestro progreso hacia la meta.

Escribir tu visión para el ministerio es un paso hacia adelante y te ayuda a compartirla claramente. Si no tienes una visión escrita para el ministerio, te animo a escribir la visión que Dios te dé. Vuelve a estudiar Efesios 4:11-13 y Mateo 28:19-20 para entender bien lo que Dios tiene para los jóvenes de tu comunidad. Lee la visión de la iglesia y ora para que Dios te indique como puedes llevar a cabo esa visión en la vida de los jóvenes y sus familias. Después de escuchar de Dios, escribe tu visión en términos sencillos para que todos--el pastor, el liderazgo, los jóvenes, sus papás, y todos los que quieran--puedan leerla y entender qué es lo que Dios les está llamando a hacer como ministerio juvenil.

Escribir la visión no es suficiente. También, es importante buscar una manera visual de compartir la visión que tiene el ministerio juvenil. Somos personas visuales. Nos gustan las imágenes, vídeos, y todo lo visual. Seria bueno buscar una manera de representar visualmente la visión que tienes para el ministerio juvenil de tu iglesia.

Algunos le ponen un nombre a su ministerio para dar la idea de lo que quieren lograr en su ministerio. Por ejemplo, conozco a una iglesia cuya ministerio juvenil se llama "el faro." Ellos tienen la visión de servir a la comunidad, esparciendo la luz en las tinieblas. Piensa en como podrías representar tu visión en una imagen o en un video o simplemente en una sola frase.

Si has escrito tu visión y pensado en cómo representarla visualmente, tienes que compartir la visión una y otra vez, recordándoles a todos el por qué del ministerio que estas dirigiendo. Si todos entienden la visión, cada cosa que hacen como ministerio será mejor, y tendrá más probabilidades de llegar a la meta.

Acuérdate que nuestra meta siempre tiene que ser llevar a los jóvenes a la madurez espiritual, y nuestra visión siempre tiene que ver con esto. Sin embargo, llegar a la madurez espiritual no es tan fácil como pareciera. A veces, parece un desastre.

La Hermosura del Desorden

Un día llegue a mi casa después de haber enseñando un curso que se llama "Principios del Ministerio Juvenil", y le dije a mi esposa que creía que había mencionado en clase por lo menos 5 veces que el ministerio juvenil es desorganizado. No es exactamente lo que quieres escuchar de tu profesor de ministerio juvenil durante la primera semana de clase, pero es la verdad: la madurez espiritual en la vida de los jóvenes es desorganizada.

Lo que quiero decir con la palabra "desorganizado" no tiene que ver con el hecho de que muchos de nosotros no somos buenos administradores del tiempo. Eso es otro asunto. Quiero decir que el ministerio

> "Muchos amigos me han ayudado a darme cuenta de algo importante en cuanto al ministerio: Es complicado"

juvenil muchas veces no es muy bonito. La vida espiritual parece ser desorganizada porque Dios no usa una serie de pasos para hacernos crecer a todos de la misma manera.

He hablado con muchos líderes y me mantengo en contacto con muchos de ellos por medio de las redes sociales. Las conversaciones que tenemos en las redes sociales me han ayudado a darme cuenta de algo importante en cuanto al ministerio: **es complicado.**

En mi experiencia como pastor de jóvenes he visto a chicos de la misma familia, de más o menos la misma edad, ir a la misma iglesia y participar en las mismas actividades juveniles, pero sus vidas son muy diferentes. ¿Por que será esto? ¿Será porque Dios obra en la vida de uno y no en la del otro? No creo que sea el caso. Es porque la vida espiritual no es una serie de pasos a tomar o estudios a los que hay que asistir. Dios trabaja de una manera personal. Nos ve como individuos con experiencias distintas y necesidades diferentes. En todas las experiencias y dificultades por las cuales pasamos, Dios nos está formando para que lleguemos a ser como Jesús.

Aceptar que Dios tiene un plan personal para cada persona siempre es complicado. Por naturaleza no nos gusta la desorganización. En el Nuevo Testamento los líderes religiosos estaban buscando ponerle reglas a la gente e inventaron normas que incluso ellos no podían cumplir. Creían que simplemente por seguir una serie de pasos una persona podría llegar a ser aceptada por Dios, y Jesús hablaba muy fuertemente en contra de esto.

La iglesia actual no es muy diferente. Queremos darles a los jóvenes un sistema de cosas que pueden hacer y reglas a seguir para hacerles buenos cristianos. Les enseñamos que si asisten a la iglesia y leen sus Biblias cada día, entonces llegaran a la madurez espiritual. Estas cosas son importantes, pero tenemos que entender que la vida espiritual no es una receta para hacer pastel. Dios trabaja de manera más íntima y personal que esto.

Me gustaría tener una receta para ayudar a los jóvenes. Quisiera enseñarles a mis estudiantes (y compartirla contigo) la formula secreta para producir la madurez espiritual en las familias de sus iglesias, pero todos sabemos que la vida espiritual no es tan ordenada. A veces, esto nos desespera, pero la verdad es que nos debería dar alegría porque nos enseña algunas cosas increíbles acerca de nuestro Dios.

Las complicaciones en el ministerio son lecciones para nosotros. Podemos aprender muchas cosas del desorden.

Dios trabaja con cada uno de nosotros de una manera distinta y personalizada. Me encanta saber que Dios tiene un plan específico para mi vida y que este plan perfecto me forma exactamente como Él quiere. Nos ama tanto a cada uno de nosotros que ha diseñado un programa especializado para ayudarnos a llegar a ser más como Él. Es nuestro entrenador personal. Su amor no solamente es para todo el mundo en términos generales sino para cada individuo del mundo de una manera específica.

Dios usa diferentes estilos de liderazgo para guiar a diferentes personas en su vida. No todos los líderes son iguales. Los diferentes tipos de liderazgo pueden usarse para ministrar en las diferentes complicaciones de la vida que cada persona experimenta. Saber que nuestros jóvenes se desarrollan de diferentes formas puede ayudarnos a sentirnos bien con nuestros diferentes tipos de liderazgo. No debemos copiar el estilo de liderazgo de alguien más porque nosotros somos los líderes que nuestros muchachos necesitan.

Las diversas expresiones de adoración en el cuerpo de Cristo expresan diversos aspectos de nuestro Dios. Recuerdo mi primera experiencia transcultural. Llevamos a nuestro grupo de jóvenes de Estados Unidos a Costa Rica, y yo no sabia mucho español. Sin embargo, mi primera experiencia de adorar a Dios con mis hermanos de Costa Rica me dejó impresionado. Aprendí que los diferentes aspectos de la personalidad de Dios son bonitos en diferentes culturas.

Cuando tenemos la oportunidad de experimentar diferentes culturas y ver cómo los Cristianos de diferentes naciones adoran a Dios, llegamos a una mejor idea de cómo es Él. De la misma manera las diferentes complicaciones que pasan en las vidas de los jóvenes (y la respuesta que reciben de Jesús) nos ayudan a ver diferentes aspectos de nuestro Dios.

Cuando experimentamos una falta de dinero o necesidades básicas, experimentamos el aspecto de nuestro

Dios proveedor. Cuando caminamos con un joven que esta experimentando la pérdida de un ser querido, podemos ver a nuestro Dios consolador. Cada persona tiene experiencias distintas con las diferentes características de Dios, y esto nos lleva a adorarle de diferentes formas.

No hay sorpresas para Dios. Los problemas que nuestros jóvenes enfrentan pueden ser demasiados para nosotros, pero Dios sabe cómo tratar con cada uno de nosotros. Él ya sabe el plan que tiene para cada uno de los muchachos de nuestros grupos, y no se sorprende cuando las cosas se ponen complicadas. A veces siento que a Dios le gustan las complicaciones en nuestras vidas porque puede manifestarse más cuando no tenemos idea de cómo salir de las situaciones difíciles. No nos queda otra opción más que confiar en Él. Es soberano sobre todo y tiene un plan distinto para cada joven en tu ministerio.

Estas cosas cambian la manera en que vemos las complicaciones en nuestras vidas y ministerios. En vez de verlos como obstáculos podemos verlos como oportunidades de ver a nuestro Dios en acción en medio de las experiencias de nuestros jóvenes y sus familias.

Preguntas de Reflexión:

1. ¿Tienes una clara visión para tu ministerio juvenil? ¿En dónde te ves en 5 años?

2. ¿Tu visión incluye la madurez espiritual de tus jóvenes?

3. ¿Has escrito tu visión en términos claros?

4. ¿Cómo podrías representar la visión de una forma visual?

5. ¿Cómo ves las situaciones complicadas?

CAPITULO 2
CREAR UN EQUIPO

"Los individuos marcan goles, pero los equipos ganan partidos."
- Zig Ziglar

Un día, uno de los mejores líderes de la historia del mundo fue a su lugar de trabajo y su suegro decidió ir a visitarlo. Este gran líder estaba haciendo un trabajo fenomenal, y todo el mundo estaba muy satisfecho con las decisiones que tomaba.

Cuando llegó el momento de regresar a casa, su suegro le preguntó algo que cambiaría su vida para siempre. Su consejo le ayudaría a mejorar su desempeño como el gran líder que era.

Su sabio suegro preguntó: "¿Cómo es que sólo tú te sientas, mientras todo este pueblo se queda de pie ante ti desde la mañana hasta la noche?" Continuando, le dijo: "No está bien lo que estás haciendo." Y el suegro le dio una sugerencia que todo gran líder necesita escuchar: "Elige tú mismo entre el pueblo hombres capaces y temerosos de Dios, que amen la verdad y aborrezcan las ganancias mal habidas, y desígnalos jefes de mil, de cien, de cincuenta y de diez personas. Serán ellos los que funjan como jueces de tiempo completo, atendiendo los casos sencillos, y los casos difíciles te los traerán a ti. Eso te aligerará la carga, porque te ayudarán a llevarla. Si pones esto en práctica y Dios así te lo ordena, podrás aguantar; el pueblo, por su parte, se irá a casa satisfecho."

La historia de la que hablamos es la del gran líder Moisés y su sabio suegro Jetro. Él sabía que era necesario equipar a un grupo que le ayudara a Moisés con el trabajo que Dios le había dado de ser juez para el pueblo de Israel. También entendía que Dios tenía otras cosas importantes para Moisés y que necesitaba cuidarse para llevar a cabo todo lo que venía a su vida.

Los grandes líderes reconocen la necesidad de un equipo. Saben que sin un equipo su trabajo no perdurará. También entienden que hay demasiadas cosas que hacer como para no invertir tiempo en crear un equipo de personas que les pueden ayudar con todo el trabajo que tienen que hacer.

Moisés, el gran líder de los Israelitas, estaba a punto de quebrarse por el trabajo que tenía que hacer, y su suegro tenía razón. No es sano hacer el ministerio solo.

Un equipo ayuda al líder a evitar el egoísmo. ¿Qué pasa si eres muy bueno para algo y piensas que no necesitas a un equipo? Sería fácil caer en la tentación de pensar demasiado de ti mismo y ser egoísta. Si te van bien las cosas, y construyes un ministerio que siempre te necesite, ten cuidado porque una de las tentaciones más grandes va a ser pensar que tú eres más importante que Dios en el ministerio. El ministerio se trata de Dios. No dejes que tu ego crezca demasiado.

> "Los grandes líderes reconocen la necesidad de un equipo."

Por otro lado, si estas trabajando con un gran equipo, tu trabajo como líder va a ser elogiar a tu equipo para que pueda sentirse bien en el trabajo. Sería más difícil caer en el pecado del egoísmo con un gran equipo trabajando contigo en el ministerio. En equipo pueden darle honra a Dios por haberles permitido participar en Su obra.

Un equipo no te deja desanimarte. Conozco a muchos líderes juveniles que están sirviendo solos, y la falta de un equipo les lleva al desánimo en sus vidas y ministerios. Cuando has formado un buen equipo, tus co-líderes te levantan y te animan a seguir adelante.

La familia, muchas veces, sirve como ejemplo de un buen equipo. En los juegos Olímpicos de 1992, Derek Redmond, un corredor de Inglaterra, estaba en las semifinales de la carrera de 400 metros. Su historia personal incluía haber superado muchos obstáculos y dificultades, y esta era su última oportunidad para llegar a la final. Después de recorrer 225 metros de la carrera, sintió un dolor en el tendón de Aquiles y ya no pudo continuar corriendo. Con lágrimas en los ojos, se propuso terminar la competencia aunque sentía mucho dolor.

Su papá Jim, viendo que el sueño de su hijo se estaba desvaneciendo otra vez, bajó de las tribunas para ayudar a su hijo a llegar a la meta en frente de 65,000 personas. Jim sabía que tenía que animar a su hijo en lo que era el momento más difícil de su vida. Un buen equipo te ayudará aun cuando parezca que tus sueños no se van a cumplir.

Un equipo te ayuda a evitar quemarte. Todos sabemos que el trabajo del ministerio es mucho, y cuando tienes mucho que hacer, tienes más probabilidad de quemarte. Solo hay 168 horas en una semana, y a veces parece que tienes más pendientes que horas. Si formas un buen equipo, puedes delegar el trabajo y enfocarte en las cosas que solamente tú puedes hacer. Este principio esta muy claro en la historia de Jetro y Moisés.

Un equipo extiende tu alcance. No todos los jóvenes se van a acercar a ti. Si quieres alcanzar a una variedad de jóvenes y darles la oportunidad de madurar espiritualmente, tienes que formar un equipo con una variedad de personalidades y dones.

En mi iglesia había una señora que me ayudaba con las muchachas del grupo. Ella era la maestra de su clase de escuela dominical, y su trabajo con ellas hizo un impacto mucho más grande que el que yo podía tener en sus vidas. Les aconsejaba de una manera eficaz y le doy gracias a Dios por su vida y ministerio. Su trabajo extendía el alcance de nuestro ministerio juvenil.

Un equipo te permite expandir la visión. Dios tiene grandes planes para cada uno de nosotros, y a veces nos tardamos mucho tiempo en entender que quiere que hagamos algo mucho más grande de lo que estamos haciendo actualmente. ¿Que harías si Dios te dijera hoy que quiere que ministres a todos los jóvenes de tu ciudad? ¿Le dirías que no puedes por que tienes que dirigir el grupo pequeño el jueves en la noche? ¿O podrías hacerlo porque tu ministerio cuenta con un buen equipo que te podría ayudar a llevar a cabo la visión que Dios te ha dado? Haz lo que tienes que hacer para continuar en el ministerio, pero ten siempre tus ojos abiertos para ver lo que Dios puede tener para ti y tus jóvenes en el futuro.

Lo que Dios tiene para ti, tus jóvenes, sus familias, y tu comunidad va a requerir un buen equipo, y parte de tu responsabilidad es reclutar a los que te pueden apoyar en el trabajo que Dios tiene para ustedes.

Como Reclutar a un Equipo

En la película "Los Vengadores," la humanidad esta en problemas por la amenaza del dios nórdico llamado Loki. Como respuesta al ataque de Loki, el agente Nick Fury tiene que reactivar la iniciativa Vengadores, pero en vez de invitar a todos los súper héroes del mundo a participar en la iniciativa para defender el planeta de la amenaza, invita personalmente a Dr. Bruce Banner, Tony Stark, y Capitán América a formar un equipo para salvar al mundo de Loki.

La parte en que Nick Fury recluta el equipo es una de mis favoritas de toda la película por la manera en que busca a los miembros para invitarles a participar en la misión. Nosotros podemos aprender mucho de Nick Fury y su manera de reclutar un equipo.

La manera frecuente de las iglesias para reclutar a un equipo es pararse enfrente de toda la congregación y rogarle que alguien ayude con una de las necesidades del grupo. Esta forma de hacerlo comunica muchas cosas acerca de tu liderazgo, y te puede dejar con dificultades en tu ministerio.

Construir un buen equipo no es fácil, pero hay algunos pasos que puedes seguir para reclutar a uno que nos ayudará a lograr nuestras metas.

Pasos para Reclutar un Equipo

Decide lo que quieres lograr. Este paso tiene que ver con la visión de la que hablamos en la primera sección, pero también habla de las necesidades que tienes en el ministerio. Si sabes que necesitas a dos líderes de grupos pequeños porque esto va a ayudarte a llevar a los jóvenes a la madurez espiritual, estás en camino al siguiente paso.

Cuando estás decidiendo qué quieres lograr, estás pensando en gran parte en tu estrategia. La estrategia es importante, y te ayuda a poner el rumbo para lograr la visión. Si tienes una buena estrategia, puedes buscar el equipo que necesitas para llevar a cabo tu estrategia.

Determina las cualidades que estás buscando para los miembros de tu equipo. Es importante saber el tipo de persona que quieres en tu equipo. Los mejores miembros de los equipos no siempre son las personas con mayor habilidad. A veces es necesario pensar en otras cualidades. Obviamente quieres a alguien que pueda hacer un buen trabajo, pero hay otras cualidades que tienes que tomar en cuenta también.

Pide consejo de los otros líderes de la iglesia y otros miembros de tu equipo. Si ya tienes un pequeño equipo, pregúntale a tu equipo sus opiniones acerca de lo que les hace falta.

> "Prefiero tener un equipo con poco talento y mucha unidad que uno con mucho talento y nada de unidad." - Tony Dungy

Las opiniones de otros son importantes. A veces se nos pasa alguien que podría ser buen miembro del equipo, y buscar consejo nos ayuda a encontrar el equipo perfecto para ministrar a la juventud.

Haz una lista de posibles miembros de tu equipo. Viendo las respuestas de los primeros dos pasos, escribe una lista de las personas que piensas que pueden servir en tu equipo. No tiene que ser una lista exhaustiva, pero escribe los nombres de todos los candidatos y sus datos para que te puedas poner en contacto con ellos.

Habla personalmente con los prospectos. No hagas un anuncio en el culto diciendo que estás buscando voluntarios para el ministerio juvenil. Ve con las personas que tienes en tu lista y habla con ellos para ver si tienen interés en trabajar como parte del equipo del ministerio juvenil.

Entrena a tu equipo para lograr la eficacia. Un buen líder reconoce la necesidad de la capacitación tanto para él como para su equipo. Tú puedes entrenar a tu equipo para que los miembros puedan hacer mejor su trabajo, y deberías capacitarles para llevar a cabo la visión del ministerio.

Camina con ellos. En otras palabras: Pastorearlos. El trabajo pastoral de un líder de jóvenes tiene tres aspectos: pastoreas a los jóvenes, pastoreas a sus padres, y pastoreas a los líderes que trabajan contigo. La mejor manera de construir un buen equipo es comprometerte con ellos. Camina con ellos en la vida y en el ministerio, y tu equipo crecerá y podrá ministrar efectivamente.

Evalúa tanto su trabajo como el ministerio en general. Las evaluaciones del equipo son importantes. Hay algunos que no se sienten bien en su rol y saben que no están haciendo un buen trabajo. Hay algunos que están haciendo un excelente trabajo pero no lo saben. Evalúa lo que está pasando en el ministerio juvenil y busca mejorar el desempeño de cada miembro del equipo. Un buen líder esta constantemente preguntándole a su equipo acerca de sus sentimientos, sus ideas, y su visión para el futuro.

La evaluación del ministerio incluye buscar retroalimentación de lo que estás haciendo como líder. Pídele a tu equipo que te ayude a evaluar el ministerio para ver en qué áreas necesitas mejorar. Esto requiere un ambiente abierto y seguro en que todos sientan la libertad de hablar abiertamente acerca de los pros y las contras de cómo se está llevando a cabo el ministerio.

Reclutar un buen equipo te da la certeza de que todos los miembros están comprometidos con la visión y con lo que les toca hacer para llevar a cabo la visión del ministerio, y ganar la victoria de llevar a los jóvenes a los pies de Jesús.

Después de reclutar a los miembros de tu equipo, querrás convertirlos en un buen equipo, pero primero tenemos que entender cuáles son algunas cualidades de uno.

5 Cualidades de un Equipo

Cuando te pones a pensar en la descripción de trabajo del líder juvenil, empiezas a entender que tiene mucho que hacer.

Como ya sabes, las responsabilidades del ministerio juvenil son muchas, y ningún líder puede solo. Necesitas crear un equipo. Pero tener un equipo no es la única necesidad. Necesitas un buen equipo.

Hay algunas cualidades de un buen equipo, y cada líder que quiere correr para ganar busca desarrollarlas en su equipo:

Un líder aceptado. Como estas leyendo este libro, es probable que seas el líder aceptado de tu equipo del ministerio. Felicidades. No hay muchos que quisieran ser líderes de un equipo de personas suficientemente loco como para querer cambiar al mundo y trabajar con adolescentes y jóvenes. Si no eres el líder pero quieres ser un buen miembro del equipo, busca seguir al líder y aceptarlo tal como es. El éxito de tu equipo depende del apoyo que el grupo le da al líder.

Un objetivo común. Un buen equipo sabe hacia dónde va. Lo que vimos en la parte de visión cabe aquí también. La visión del ministerio juvenil es el objetivo común, y debe ser llevar a los jóvenes hacia la madurez, o caminar con ellos en el proceso de convertirse en seguidores comprometidos de Jesús.

Acuerdo sobre el método y las actividades. Muchos de los problemas que tenemos en la iglesia vienen del desacuerdo en cuanto al método para lograr el objetivo. Algunos quieren usar batería; otros solo quieren el piano. Están de acuerdo que quieren adorar a Dios y cantarle alabanzas, pero no pueden llegar a un acuerdo de cuál instrumento se va a usar para lograr el objetivo. Un buen equipo tiene un acuerdo sobre las actividades que se usarán para lograr el objetivo común.

Fuerte sentido de amor y lealtad entre los miembros del equipo. Una vez Tony Dungy, el excelente entrenador de fútbol americano, dijo que prefiere tener un equipo con poco talento y mucha unidad que uno con mucho talento y nada de unidad. El equipo unido y que realmente se lleva bien es el equipo que va a tener más éxito. Lo mismo pasa en el ministerio. Una de las características más importantes para tu equipo del ministerio es que hay amor entre los miembros. Como líder, tienes que cultivar la lealtad y el sentido de amor de tu equipo. Si no, tu equipo dejará de funcionar como debería y tus jóvenes sufrirán.

Clara división de labores entre el equipo. Cada miembro del equipo necesita saber cuál es su rol. Si uno no sabe qué es lo que debería hacer, va a ser difícil que el equipo funcione. Encuentra una manera de explicar bien cuáles son las expectativas de cada miembro del equipo, y las cosas fluirán mucho mejor. Cuando estés reclutando a tu equipo, asegúrate que le explicas a cada miembro cuáles son las expectativas de su trabajo. Si entiende bien su rol, puede ejecutarlo mejor y ayudar al equipo a lograr la meta.

Cada buen equipo tiene estas características. Busca fomentarlas en tu ministerio, y te pondrás en el camino para ganar. Pero no es suficiente que tú sepas estas cualidades y lo que te toca hacer. También, el trabajo del líder es preparar a su equipo.

La Preparación de tu Equipo

Los líderes juveniles trabajamos en diferentes contextos y situaciones, pero no siempre sentimos que somos los más preparados para la obra que tenemos que llevar a cabo. Sabemos que tenemos la responsabilidad de entrenar a nuestro equipo de trabajo, pero ¿qué pasa cuando tenemos dudas? ¿Cómo podemos entrenar a nuestro equipo cuando no nos sentimos preparados?

Hace poco uno de mis amigos de Panamá me hizo la siguiente pregunta:

Tú como líder de un ministerio debes tener un equipo que trabaja contigo en todo momento. ¿Qué actividades realizas para capacitarlos y formarlos en caso de que tú no estés? A veces se me hace difícil por no saber que decirles (entrenarlos), es mas hasta a mí mismo se me complica porque no me siento lo suficientemente preparado para ser líder de un ministerio pero en mi corazón están las ganas de trabajar y lo hago, y he visto buenos resultados, pero mi equipo de trabajo son muy nuevos en el evangelio.

Consejos para Preparar a tu Equipo

Entender que nunca estamos 100% preparados. Si esperas a estar completamente preparado para todo, nunca harás nada. Si los de tu equipo de trabajo son nuevos en el evangelio, estoy seguro que tú sabes más que ellos y les puedes enseñar algo. Empieza con lo que sabes y no te dejes paralizar con las dudas que tienes acerca de tu propio conocimiento.

Ser un modelo. Sigue preparándote, pero también, deja que te vean ministrando. Van a aprender mucho de tu ejemplo, y podrán copiar tu modelo de ministerio con su propio estilo. Como nos han enseñado, "Tus acciones hablan más fuerte que tus palabras."

Aprender juntos. Compra un buen libro del ministerio juvenil y léelo con ellos (este libro sería un buen comienzo). Si pueden tener una junta cada semana, dales la tarea de leer un capitulo cada semana y discútanlo, poniendo énfasis en qué pueden hacer para aplicar el contenido del libro a su ministerio. Hay muchos libros que pueden estudiar juntos como equipo[2]. Si toman el tiempo para aprender juntos, sea leyendo libros, yendo a conferencias o simplemente hablando de lo que Dios les está enseñando, van a prepararse bien como equipo.

Proveerles Recursos. Si no pueden estudiar un libro juntos, tú puedes mandarles artículos, revistas, libros, páginas de internet, y otros recursos que les pueden ayudar a mejorar en sus responsabilidades. Un buen líder siempre se está capacitando, y aunque no te sientas bien preparado para capacitarles, puedes señalarles la dirección para que puedan capacitarse en el área del liderazgo juvenil.

Darles responsabilidades mientras estés presente. El clásico modelo de entrenar a otros es: 1) Yo lo hago y

---

[2] Para una lista de 50 Libros del Ministerio Juvenil, revisa el siguiente enlace - http://ministeriojuvenil.com/2009/06/12/50-libros-de-ministerio-juvenil/)

tú me observas; 2) Lo hacemos juntos; 3) Tú lo haces y yo observo; y 4) Tú lo haces solo. Es importante empezar a capacitarles en el ministerio mientras estás a su lado. Esto les dará la confianza para poder llevar a cabo el ministerio cuando ya no estés.

Es tu responsabilidad como líder preparar a tu equipo. El líder que está buscando ganar la victoria pondrá en práctica estos consejos y verá los resultados en la vida de su equipo.

Como Llevarte Mejor con tu Equipo

Es una enorme responsabilidad la de ser un líder de líderes, y básicamente, un líder de jóvenes es este tipo de líderes. Todos los miembros de tu equipo son líderes en algún aspecto, y tienes que aprender cómo llevarte bien con cada uno de ellos. El trabajo de tu equipo es importante, y cada miembro tiene que saber que cuenta contigo como amigo y líder.

Es más fácil exigir que cumplir. La experiencia nos ha enseñado lo vital que resulta una relación sana con quienes nos acompañan en el ministerio. Ahora te comparto algunas cosas muy prácticas que pueden **mejorar la relación con tu equipo de trabajo.**

Reúnete con ellos periódicamente. El ministerio no es tuyo. Tu equipo de trabajo debe estar completamente convencido de su importancia en el trabajo con los jóvenes. Al tomar tiempo para dedicárselo a ellos comunicas que tú eres el primero en reconocer su valía. Así que, ya sea como grupo, o individualmente, toma tiempo para estar con ellos.

Cultiva la transparencia. De nada sirve un líder que enseñe acerca de la sensibilidad hacia los demás, del arrepentimiento ante el pecado, del valor necesario en la vida cristiana, de enfrentar los problemas diarios, etc., si no está dispuesto a modelarlo con su vida. Ser transparente implica estar dispuesto a ser conocido tal cual es uno, pero sobre todo, comunica nuestra sinceridad y honestidad, a la vez que les permite a los demás desarrollar la confianza en nosotros, lo cual resulta vital en nuestras relaciones.

Acepta tus propios errores. En muchas ocasiones nos quedamos sólo en imponer y recordar las reglas, pero pocas veces estamos dispuestos a cumplirlas, y mucho menos aceptar que también nosotros las quebrantamos. Aceptar tus fallas, contrario a la opinión general, no implica debilidad, sino que refuerza la idea de trabajo en equipo, donde todos son obreros e hijos de Dios (a la vez que nos permite encontrar humildemente nuestro lugar en el liderazgo que Dios ordena). Aceptar nuestros errores señala que sabemos quiénes somos y en qué momento estamos, pero que estamos dispuestos a seguir avanzando. Aceptar nuestros errores les ayuda a ellos a hacer lo mismo, y a establecer una mejor relación. Así que acéptalo: tú también te equivocas.

Apoya, perdona, y restaura. Uno de los aspectos de cuidar a tus líderes es demostrarles gracia. Después de pasar tiempo como líder, entenderás mejor como cuidar a tu equipo. Sabrás cuándo necesitas perdonar, cuándo necesitas corregirles, y cuándo mencionar el asunto (o no mencionarlo). A veces, la mejor manera de cuidar a tu equipo es demostrarles gracia y darles otra oportunidad de intentarlo.

Recuerda fechas importantes. Cumpleaños, graduaciones, bodas, el inicio en un nuevo empleo, el nacimiento de un hijo, etc. Nunca dejes de tomar en cuenta los eventos que resultan relevantes para ellos. Llámales o escríbeles una nota, envíales un regalo, hazte presente en el evento, felicítales públicamente. Recuerda: Si es importante para ellos, es importante para ti. Y ellos lo agradecerán.

Las cosas pequeñas nos dicen qué tanto estamos interesados en las personas. Es importante poner las fechas importantes en tu calendario o lo que tienes que hacer para decirles que son importantes para ti. No puedes cuidar a tu equipo si no conoces a sus miembros, y nada les comunica que los quieres conocer como recordar las fechas importantes.

Pasa tiempo con ellos (aun en los momentos difíciles de la vida). La vida esta llena de cosas buenas, cosas malas, y cosas feas. Tienes que estar con los miembros de tu equipo cuando reciben malas noticias o tienen problemas. Cuidar a los miembros de nuestros equipos es una de nuestras responsabilidades más grandes como líderes. Muéstrate disponible. Asiste a los funerales. Haz lo que tengas que hacer para estar con ellos en los momentos feos de la vida.

Quítales el traje de superhéroes. Los líderes juveniles, como los mentores, no son superhéroes. Los jóvenes tienen que entender que sus líderes a veces fallan. Aunque quisiéramos que nuestro equipo nunca tuviera problemas, sabemos que va a haber pequeñas diferencias o las cosas van a salir mal. Por supuesto, no vamos a hacer excusas para nuestros líderes, pero tenemos que recordarle a la gente (nuestros jóvenes y sus padres) que no somos perfectos. Los miembros de tu equipo tampoco lo son.

Sé sensible a sus necesidades. Esta es una excelente forma de estrechar las relaciones. Sin embargo, requiere esfuerzo y constancia, pues en muchas ocasiones necesitaremos dejar nuestra comodidad para expresarles nuestra empatía en sus necesidades. Muchas veces esto implicará dar un abrazo, un apretón de manos, una sonrisa, o una visita. Quizá no estemos acostumbrados a hacer cosas como éstas, pero recuerda que ellos te necesitan, y es tu deber sensibilizarte ante ello.

Cuida su espalda. No dejes que la gente hable mal de tu equipo. Muchas veces la primera cosa que la gente hace cuando tiene un problema con un miembro del equipo es que van contigo (el líder del grupo) y se queja, hablando mal de esa persona.

Esta reacción a las diferencias de opinión no es Bíblica, de hecho es muy peligrosa, y como líder es tu responsabilidad ayudar a que las personas que tienen el problema trabajen juntos para resolverlo. Ellos necesitan hablar primero, y necesitas tener la confianza en tu equipo para dejarles resolver sus problemas con otros.

Por supuesto, hay situaciones en las que tienes que meterte. Eres el líder del grupo, y no quieres problemas entre los miembros de tu equipo y los jóvenes o sus padres. Pero al mismo tiempo, no dejes que la gente hable mal de tu equipo, aun con el pretexto de "avisarte" de algún problema que tienen entre ellos.

Sorpréndelos. Para muchas personas no hay nada mejor que algo que diga "Estaba pensando en ti." Puedes escribir una nota, comprarles un pequeño regalo, y responderán. Puedes mandarles galletas hechas en casa, comprarles un café o un refresco cuando menos lo esperan, o cualquier otra cosa que les sorprenda de manera positiva.

El esfuerzo que recibe reconocimiento se repite. Si tu puedes reconocer las buenas cosas que tu equipo está haciendo (el trabajo que hacen cuando nadie se fija en ellos, las cosas que hacen todas las semanas que se vuelven rutinarias pero son de mucho beneficio para el grupo, etc.), ellos continuarán haciendo estas cosas, y tu ministerio mejorará. Reconoce su esfuerzo, su trabajo, y su dedicación, lo más que puedas, en público, para que la gente vea que valoras a los miembros de tu equipo.

Toma en cuenta sus opiniones. No quieres que el ministerio con los jóvenes se convierta en tu ministerio. Platica con ellos sobre sus sueños para el grupo, apunta sus ideas, anímalos a crear planes de trabajo, y cuando puedas, habla públicamente sobre sus ideas con otros líderes. Hazles sentir que, aunque Dios te ha colocado al frente del equipo, en realidad Él espera que todos colaboren en la creación de un ministerio fuerte. Al tomar en cuenta sus opiniones, mostrarás que, más allá de su esfuerzo físico, te importan ellos y todo lo que Dios puede hacer a través de ellos.

Es extraordinario saber que podemos edificarnos mutuamente, y que podemos contar con un grupo de personas a nuestro alrededor. Pero todo comienza con nuestra iniciativa. Así, espero que estas sugerencias te sirvan para fortalecer la relación con tu equipo de trabajo.[3]

Hay otras cosas que podemos hacer para cuidar a nuestro equipo. Esta lista solamente es un principio. Espero que estés cultivando un equipo en tu ministerio juvenil. Si eres un líder de tiempo parcial, no te queda otra opción. Y si tienes la bendición de ser de "tiempo completo", tu ministerio será mucho más efectivo si trabajas con otros líderes en equipo.

---

[3] Algunos de estos consejos fueron tomados de un taller de Eliel Salinas en la Cumbre de Líderes juveniles en México 2011, otros de mi amigo Huberto Pérez en varias platicas personales que hemos tenido.

Preguntas de Reflexión:

1. ¿Qué estás haciendo para cultivar un equipo en tu ministerio?

2. ¿Qué puedes hacer para comunicar la visión a todos los miembros de tu equipo?

3. Si te fueras mañana, ¿habría un equipo para continuar el ministerio?

4. ¿Qué estás haciendo para capacitar a los miembros de tu equipo? ¿Les darías una copia de este libro para que puedan entender lo que estás aprendiendo?

5. ¿Qué puedes hacer para que todos los miembros de tu equipo sientan tu apoyo y amor?

CAPITULO 3
CONOCER A TUS JOVENES

"El mundo se cambia uno por uno."
- Timmy Ost

El ministerio se trata de relaciones, y los líderes juveniles eficaces tienen la responsabilidad de conocer bien a los jóvenes y sus familias. Si eres el líder del grupo, has capturado y compartido la visión, y tienes a tu equipo listo para ministrar, tu próxima responsabilidad es conocer a los jóvenes que Dios ha puesto en tu camino y entrar a su mundo.

La Entrada al Mundo de los Jóvenes

Este tema es uno de los temores de muchos líderes juveniles. A muchos les cuesta trabajo relacionarse con los adolescentes y jóvenes, aunque tengan el trabajo de ministrarles a ellos.

Como todo lo que hemos visto, no es una fórmula infalible. No es una serie de pasos, sino una lista de principios que tú puedes tomar en cuenta para llegar a tener un impacto en la vida de tus jóvenes y adolescentes.

Sé tú mismo. Dios te ha creado de cierta manera. Si quieres entrar en el mundo de tus jóvenes tienes que aceptar esto y ser la persona que eres. Ser tu mismo implica ser la persona que normalmente eres o la que la mayoría de tus amigos y familiares conocen. Y es que, si no procuras ser tu mismo probablemente tengas que lidiar con la frustración de tratar de llevar una vida muy diferente a la que normalmente llevas.

Yo entiendo que muchas veces los líderes juveniles que son muy pacíficos o tranquilos desearían que los jóvenes los vean como líderes que son súper activos. Que van y hacen, y programan, y comentan. Pero tranquilo, si tú eres así, no te preocupes. Los jóvenes aprenderán a quererte por quien tú eres y no por quien tú quisieras ser.

Sé auténtico. Este principio va con el anterior, pero difiere un poco en que muchos de nosotros queremos ser más jóvenes de lo que somos. Esto nos causa conflicto porque los jóvenes saben qué edad tienes. Saben que eres diferente, y saben cuándo estás fingiendo. El éxito de los adultos que son líderes de jóvenes se debe a que ellos procuran siempre ser adultos, y no jóvenes.

Los jóvenes no esperan que un adulto se comporte como uno de ellos. Ellos esperan que los adultos sean adultos; y que les ministren como adultos. En algún momento necesitarán que alguien que haya caminado mas tiempo en esta tierra les pueda dar un consejo sabio cuando se lo pidan.

Recuerda sus nombres. Hace poco tiempo mi esposa y yo fuimos de vacaciones a uno de esos lugares con "todo incluido." Dejamos a los niños con los abuelos y por fin nos escapamos a pasar un poco de tiempo juntos. Fue muy divertido para nosotros (aunque extrañábamos a nuestros hijos), y las personas del lugar nos trataron muy bien. Una cosa que hicieron en especial fue recordar nuestros nombres. Cada noche fuimos al mismo restaurante y el mesero, desde la primera noche, nos conoció por nombre. Casi todos los que nos atendían nos llamaban por nombre, y aprendí algo acerca de la importancia de los nombres.

En nuestros ministerios juveniles, es importante usar los nombres de los muchachos, y si alguien nos esta visitando por primera vez, pregúntale su nombre, y busca usarlo, aunque te cueste trabajo.

Recordar el nombre de los muchachos hace muchas cosas, entre ellas: Les hace sentir importantes, comunica respeto, y crea una conexión con la persona. El ministerio se trata de conectarnos con los muchachos, y recordar su nombre nos ayuda en nuestra tarea de entrar en su mundo.

Busca temas en común. Si deseas entrar en el mundo de los jóvenes es importante que busques un tema en común con ellos. Claro, esto para alguno de nosotros no es tan fácil, pero si persistimos en ello seguramente lo encontraremos. A lo que me refiero cuando hablo de buscar un tema en común es a tratar de encontrar un tema que sea del interés tanto de tu joven o señorita como de ti. Si ves que lleva una playera con un grupo musical y sabes algo de su música, usa esto para platicar con el muchacho. Si no, pregúntale acerca del grupo. Esto le dará oportunidad de hablarte de algo que conoce bien y aprenderás algo del muchacho.

Hay muchos temas comunes que podemos buscar: pueden ser el ver películas, o los video-juegos, un deporte en específico, el cocinar, el hablar sobre libros, o el ir al gimnasio, etc. Encontrar un tema en común es algo que te toca buscar a ti. Mantente atento a lo que tus jóvenes frecuentemente platican en tus reuniones, y estoy seguro que en no mucho tiempo encontrarás un tema en común con ellos.

Ten Paciencia. Si no encuentras un tema en común a la primera, no te preocupes. A muchos de nosotros nos cuesta trabajo hallarlo al principio , pero el ser persistente te ayudará a lograrlo.

El ministerio juvenil es un ministerio relacional. Para comenzar a formar relaciones en el ministerio juvenil deberás darles tiempo a tus jóvenes. Y en el transcurso de ese tiempo irás formando una relación más estrecha que te ayudará a entrar en su mundo.

Con estos consejos podrás conocer a tus jóvenes, pero, si vas a entrar en sus vidas, sería importante tener la actitud correcta hacia las personas.

La Actitud Correcta Hacia las Personas

A primera vista esta frase tiene mucho sentido… ¡Y lo tiene! La Biblia nos muestra en su conjunto uno de los principios mas grandes de todos: "después de Dios, las personas son lo mas importante que existe sobre el planeta" (Mateo 22:36-40; Marcos 12:28-31).

Decía que a primera vista lo es, porque tristemente, tengo que decirlo, en estos tiempos es raro ver esta actitud de vida en nuestras iglesias. Yo he caído en esta trampa tan terrible: "Amar a las actividades y usar a las personas." El

Ministerio Juvenil puede ser un caldo de cultivo muy favorable para que crezca este pecado.

Pero hay un peligro constante en líderes, ministros o pastores de jóvenes, el cual es pecar al usar a las personas para hacer el "ministerio". Es súper tentador el amar a las actividades, y ¿Cómo no? Si hay algo común con el trabajo con adolescentes y jóvenes es el dinamismo y lo espectacular de los programas juveniles: cantos, juegos, dinámicas, congresos, conciertos, salidas, viajes misioneros, idas al cine, boliche, sketches, etc. Por lo que es un ambiente muy oportuno para el protagonismo.

Creo que todos los que ministramos a la juventud hemos tenido esta tentación: querer ser admirados y elogiados. Mucha gente nos ve y eso en verdad puede llegar a sentirse muy bien. El problema con todo esto es que de repente es tal nuestro afán en que las cosas salgan perfectas y sin errores (si somos honestos muchas veces puede ser para que nosotros brillemos antes que Dios) que acabamos maltratando y manoseando a la novia de Cristo.

¿Alguna vez te has puesto tan enojado y estresado en tu evento, que gritas a todo mundo, que pones el ambiente tan tenso que todo lo notan (incluso los que el Señor quiere alcanzar)? A mí sí me ha pasado y se que es un pecado. Dios está más interesado en tu relación con Él que en lo perfecto de tu evento. Él nunca te preguntaría si estuvieses en su presencia: ¿Qué tan bien te ajustaste a los horarios? ¿Qué tan perfecto se oyó el sonido? ¿Cuántos chavos vinieron a tu evento?, Él está interesado en tu corazón, en tu obediencia, en tu amor a Él y a su gente.

No estoy diciendo que, al realizar nuestras actividades, debemos ser unos miserables mediocres (al fin que "es para Dios"), por el contrario Dios merece sólo lo mejor, lo más excelente y también es pecado ser irresponsables en la planeación, organización, dirección y evaluación de las mismas, pero no debemos poner nuestro corazón en los programas y en las actividades (Lucas 12:34).

La verdad es que sólo son herramientas para alcanzar los propósitos de Dios para nosotros y nuestros chicos. Los conciertos, obras de teatro, campamentos, reuniones de jóvenes etc., son cuestiones secundarias para lograr la verdadera meta de nuestro ministerio. Lo que nos debe motivar al hacer cualquier cosa en nuestra vida y ministerio es ser como Cristo. Esta meta glorifica a Dios. Cuando entendemos esto, estamos ministrando de verdad. Tus adolescentes y jóvenes (también tú y tus voluntarios) son lo más importantes de tu ministerio, solo por debajo de Dios.

> "Las actividades solo son herramientas para alcanzar los propósitos de Dios para nosotros y nuestros chicos."

Nunca mas cometas el pecado de amar las actividades por encima de las personas, Cristo no murió por conciertos; Jesús no derramó su poderosa sangre por campamentos perfectos. Dios no entregó a su único Hijo por excelentes reuniones o cultos de jóvenes. Él lo hizo por todos aquellos que van a estas actividades y por los que las organizan. Él murió por personas. Que nunca se nos olvide.

Si estamos buscando ministrar personalmente a nuestros jóvenes y conocerlos, implica que alguien de nuestro equipo tiene que hacer una conexión personal con cada uno de ellos. Muchas veces esto se nos resulta muy difícil, pero es de suma importancia.

La Importancia de Conectar Uno a Uno

Todos queremos dirigir un ministerio de gran impacto. Usualmente medimos el impacto de nuestros ministerios con las medidas antiguas, como cuántos asisten a nuestras actividades y cuál es la actitud general de los asistentes respecto a nuestros programas. Pero creo que hay cosas mucho más importantes que éstas que tienen un gran impacto en las vidas de nuestros jóvenes (aunque el número de asistentes y la actitud de ellos son importantes factores en el desarrollo de nuestros ministerios).

Quisiera pensar ahora por unos minutos en la importancia de conectarse con los jóvenes uno o dos a la vez. Mi amigo Timmy Ost puso en su twitter la siguiente frase con la que estoy completamente de acuerdo: "El Mundo se cambia uno a uno."

Mis estudiantes del Seminario saben que he contado muchas veces que en mi adolescencia mi pastor de jóvenes buscaba maneras de conectar conmigo de manera personal. Me llevaba a jugar baloncesto. Me llevaba a ver su colección de tarjetas de jugadores de béisbol. En general, parece que pasábamos mucho más tiempo fuera de las reuniones de jóvenes o actividades de la iglesia que participando en ellas. Yo pensaba que era muy importante para él porque me demostraba su amor e interés.

Pero el año pasado tuve la oportunidad de asistir a la iglesia que actualmente pastorea mi amigo y platicar con algunos compañeros míos, y me di cuenta que él pasaba tiempo con todos los que formábamos el grupo de jóvenes. Cada uno de los que éramos parte de ese grupo nos sentíamos especiales y amados por él y su esposa. Nuestro pastor de jóvenes y su esposa buscaban cómo involucrarse en nuestras vidas y ahora veo el impacto que tenían no solamente en mi vida sino en las de mis compañeros, también.

Este ejemplo me lleva a entender la importancia de conectarme con cada uno de los integrantes de mi grupo de jóvenes. El verdadero ministerio e impacto ocurre en esos momentos de tomar un café, o ir a jugar fútbol, o simplemente pasar un rato viendo la tele. No sabes el impacto que puedes tener cuando empiezas a buscar maneras de conectarte con tus jóvenes. El impacto que tienes en esos momentos será más grande que cualquier sermón que prediques o estudio Bíblico que dirijas en la iglesia. Por supuesto, los sermones y estudios Bíblicos son importantes, pero no minimices el impacto de una invitación a comer un helado. Tus jóvenes lo están esperando.

Principios para Conocer a tus Jóvenes

Muchos están trabajando con pocos jóvenes en pequeñas iglesias con poca experiencia. Cuando empecé en el ministerio juvenil, también estaba en esta situación. Empecé a servir como pastor de jóvenes en una iglesia a mis 20 años, con alrededor de 20 jóvenes en mi grupo, y después de trabajar en el ministerio juvenil por un tiempo, me di cuenta de algunos principios que me hubieran servido al principio para conectarme con los jóvenes y sus familias.

Preocúpate por toda la vida de los jóvenes…no solamente su "compromiso con Dios." Muchos líderes nuevos quieren hablar con los jóvenes de su relación con Dios pero ni saben los nombres de sus padres o de sus hermanos. El crecimiento espiritual pasa en medio del contexto de la vida cotidiana, y no podemos separar las situaciones que están viviendo los jóvenes de su relación con Dios. La falta de interés que muchos líderes ven de parte de los jóvenes en cuanto a su relación con Dios es el resultado de muchas otras situaciones que están pasando en su vida. Ayúdales donde están con las necesidades que ellos ven importantes, y esto te ayudará a hablar de las cosas espirituales también.

Recuerda que involucrarte en la vida de los jóvenes requiere tiempo. No hay una fórmula mágica que lleve a los jóvenes a la madurez espiritual en un par de semanas. No puedes ir a la farmacia y comprar una pastilla que transforme a los jóvenes en comprometidos seguidores de Cristo. Los líderes que se desaniman pronto son los que no pueden entender que Dios trabaja a diferentes velocidades en las vidas de las personas. Algunos jóvenes tardan años para comprometerse. Nuestro trabajo es caminar con ellos durante el viaje.

Toma tiempo para conocerlos sin esperar algo a cambio. La mayoría de los jóvenes hoy en día no tiene a alguien que realmente se interese en sus vidas. Todo el mundo les está vendiendo algo. No confían en muchos porque todos siempre esperan algo a cambio. Pero en la iglesia debemos de ofrecerles aceptación sin esperar algo a cambio. Debemos amar sin buscar nuestros propios intereses. Si no se comprometen o si no van a tus reuniones, acéptalos tal como son. Esto sería una buena manera de demostrarles el amor que Cristo tiene para nosotros.

Escuchar, muchas veces, es más importante que hablar. Los temas que das o las lecciones que enseñas son importantes, pero también es vital escuchar a los jóvenes y adolescentes. ¿Cuanto tiempo pasas escuchando a tus jóvenes? Muchos líderes pasamos demasiado tiempo "dando temas y pláticas" y no hay suficiente tiempo simplemente para escuchar a los adolescentes y observar lo que está pasando en sus vidas. Aprende a hacer buenas preguntas[4], y realmente escucha lo que te dicen. Te sorprenderá lo que te contarán.

La reunión de jóvenes no tiene que ser un "mini-culto." Está bien pensar en cosas diferentes y hacer actividades que llaman la atención. No hay un versículo

---

4 Para ideas de como hacer buenas preguntas, visita: http://ministeriojuvenil.com/2010/01/29/como-hacer-buenas-preguntas/

Bíblico que diga que debes tener el mismo formato siempre para tu reunión con los jóvenes o que la reunión de jóvenes tiene que ser como el culto del domingo. Tus reuniones deben cumplir un propósito en las vidas de los jóvenes. Si quieres que se conozcan, haz una actividad para lograr esto. No prediques de la necesidad de ser unido como grupo. Si quieres ayudarles a servir en la comunidad, organiza algo que les ayude a hacerlo en vez de dar 15 principios Bíblicos que hablan de la necesidad de servir.

Estos consejos que he aprendido a lo largo de mi ministerio nos ayudan a conocer a nuestros jóvenes, y esto nos ayuda a ministrarlos mejor, y a sus familias también. Si podemos ministrarlos bien, podemos tener un ministerio extraordinario, y creo que cada uno de nosotros queremos esto para nuestra vida.

Un Ministerio Juvenil Extraordinario

Hace poco en una pagina de Internet vi algunas lámparas extrañas que se están vendiendo por mas de 100 dólares americanos, y me pregunté qué tendrían para que se vendieran por tanto dinero. Si las examinas bien, solamente son basura que alguien tomó y usó para hacer lámparas. Como no soy artista, no me llama la atención este tipo de cosas, especialmente si me van a costar más de 100 dólares.

Lo que sí me llama la atención es que la gente está buscando algo extraordinario en lo ordinario. El arte, en este caso, es que alguien pudo haber tomado estos contenedores que eran basura y los convirtió en obras de arte moderno.

Al pensarlo más, me di cuenta que esto es exactamente lo que Dios hace con nuestras vidas y las vidas de nuestros jóvenes. Dios es un artista que toma las vidas desde la basura y las convierte en obras de arte. Vemos su trabajo una y otra vez tanto en las historias Bíblicas como en nuestras propias vidas y las vidas de nuestros jóvenes.

En la Biblia, vemos que Dios tenía el poder de convertir a las siguientes personas:

- José era esclavo pero Dios lo hizo el rey de Egipto
- Moisés era asesino pero Dios lo convirtió en el líder del pueblo de Israel
- David era pastor pero Dios lo hizo Rey
- Pedro y Andrés eran pescadores ordinarios pero Dios los convirtió en discípulos y evangelistas
- Pablo era perseguidor de la iglesia y se convirtió en un perseguido líder de la iglesia
- ...y hay muchos ejemplos mas...

En la vida actual, todos tenemos nuestros testimonios personales de cómo Dios nos ha cambiado. También podemos hablar de cómo Dios ha convertido a nuestros adolescentes, jóvenes, y sus familias, de diferentes situaciones difíciles de vida a una vida abundante. Hay miles de historias de como Dios ha tomado algo ordinario como los contenedores que vemos en las fotos de este articulo y lo ha transformado en algo bonito y útil que brilla y señala hacia el Creador.

El Salmo 40:1-2 refleja la verdad y es lo que nosotros podemos decir de nuestras propias vidas: Puse en el Señor toda mi esperanza; él se inclinó hacia mí y escuchó mi clamor. Me sacó de la fosa de la muerte, del lodo y del pantano; puso mis pies sobre una roca, y me plantó en terreno firme. Esta es la imagen de un Dios que hace extraordinarias las vidas ordinarias.

Es un privilegio tener la oportunidad de participar en el proceso de transformación de la vida de los adolescentes y jóvenes. Dios está haciendo algo grande en sus vidas, y nos ha escogido a nosotros para participar en Su obra. Nosotros no podemos convertir las cosas que ya no sirven en cosas bonitas, pero Dios puede hacerlo, y nos ha dado la tarea de participar en Su obra. ¡Que bendición para nosotros!

Cada vez que vemos a un joven con problemas o su familia, los debemos ver como personas que Dios va a transformar. A veces me cuesta trabajo ver más allá de los problemas, y pensar en lo que Dios puede hacer con nosotros a pesar de esos problemas que se ven muy difíciles, pero sabemos que Dios es el gran artista que nos transforma y nos usa para transformar las vidas de otros.

Preguntas de reflexión:

1. ¿Qué tanto conoces a los jóvenes y sus familias? ¿Qué tanto los conoce tu equipo de liderazgo?

2. ¿Qué puedes hacer esta semana para acercarte más a ellos?

3. ¿Crees que Dios puede cambiar sus vidas?

4. ¿Estás orando por ellos?

5. ¿Cómo ha transformado Dios tu vida? ¿Cómo te ha levantado de "la fosa de la muerte"? ¿Cómo te ha usado para transformar la vida de otros?

CAPITULO 4

CONCEDERLES RESPONSABILIDADES

Estuve en un evento que tenía el propósito de ayudar a las iglesias de esta zona a pensar fuera de lo normal cuando se trata del evangelismo, y escuché algo muy curioso.

Uno de los muchachos que estaba en el evento nos decía que conocía a muchos de los que están involucrados en los ministerios que estaban participando porque los había visto en su trabajo, pero que nadie le había hablado de su vida espiritual. Él estaba rodeado de gente cristiana, pero no lo sabía porque nadie se tomó el tiempo para platicar con él. Había participado en muchas actividades cristianas, pero hasta hace poco el pastor de jóvenes de la iglesia empezó a platicarle en serio acerca de su vida espiritual.

La historia de este muchacho me hace preguntar cuántos de nosotros vamos cada día a la escuela o trabajo y nunca platicamos en serio con nuestros compañeros acerca de su vida espiritual. Muchos cristianos preferimos hablar de Dios cuando estamos en el templo, pero fuera de él nos quedamos callados.

Muchos vamos a diario al trabajo y nunca hablamos en serio con los compañeros acerca de su vida espiritual.

Como Compartir a Cristo en Tu Comunidad

Tu comunidad es el lugar donde pasas tu vida. Puede ser tu trabajo, tu escuela, tu vecindario, tu ciudad, etc. Es ese lugar donde te sientes cómodo y tienes cosas en común con las personas alrededor. Tus jóvenes deben considerarse misioneros en su comunidad. Enséñales las siguientes lecciones para que puedan ser evangelistas en su contexto.

Ve tu lugar de trabajo o tu escuela como oportunidad. Tendemos a separar las cosas que pasan en la iglesia de las cosas que pasan el resto de los días, pero el Cristianismo se debe vivir en todo lugar. Dios te ha puesto en tu lugar de trabajo por una razón. Te quiere utilizar como su vocero allí.

Haz bien tu trabajo (se un buen testimonio). Si eres estudiante, deberías ser el mejor estudiante que puedes ser. Si trabajas en una empresa, haz lo mejor que puedas en tu trabajo. Así serás un buen ejemplo ante los que no conocen a Jesús.

Busca involucrarte en las vidas de otros. Si queremos ser sal y luz en estos lugares, tenemos que buscar saber algo de los que pasan sus días con nosotros en el trabajo o escuela. ¿Sabes algo de la familia de tus compañeros? ¿Sabes qué les gusta hacer los fines de semana? Platica con ellos y busca ser parte de sus vidas.

Haz preguntas importantes y escucha intensamente las respuestas. Busca oportunidades de hacer buenas preguntas a tus compañeros. Si rompes las barreras de conversación, puedes empezar a hablar más acerca de lo que creen de Jesús, la Biblia, y otras cosas importantes. No hagas preguntas simplemente porque tú quieres contestarlas. Realmente escucha lo que piensan y toma en cuenta sus pensamientos y sentimientos al respecto. Eso te dará el derecho a ser escuchado cuando sea el momento oportuno para hablar de Cristo.

Entiende que la vida espiritual es un proceso. No todos nuestros amigos van a escuchar una sola vez el mensaje de Jesús y van a decidir seguirle. Seguir a Jesús es la decisión mas importante que alguien puede tomar, y esta bien si quiere pensarlo bien y tomar tiempo para platicar mas. Lo importante es que si quieren platicarlo más cuenten con un amigo que les puede ir guiando con una Biblia en la mano.

No tengas miedo. La última promesa que Jesús les hizo a sus discípulos en Mateo 28:20 fue la promesa de estar con ellos mientras iban compartiendo las buenas nuevas. Él está con nosotros y siempre lo estará.

Al implementar estos pasos, ninguna persona que viva en tu comunidad podrá decir, "En ese lugar nadie me habló de Jesús." Los jóvenes deben estar involucrados en la misión de la iglesia, y no tienen que esperar la famosa semana de la juventud.

Olvídate de Las "Semanas de la Juventud"

Muchas iglesias apartan una semana para dejar que los jóvenes sirvan. Hacen un programa especial e invitan a los jóvenes a dirigir el servicio, recolectar la ofrenda, dirigir la alabanza, y predicar enfrente de todos los adultos. Es una experiencia bonita y todos se van pensando que les han ayudado a los jóvenes a servir y a la iglesia a conocer al ministerio juvenil.

Confieso que he organizado muchas "semanas de la juventud", y siempre fue mucho trabajo y a todo el mundo le gustaba la idea y la experiencia. Pero después de unos años de organizar semanas de la juventud, me empecé a preguntar si lo que se hace en las semanas de la juventud es bueno o malo.

Por supuesto, no estoy hablando de si lo que hacemos sea pecado o no. Estoy hablando de la actitud que una semana de la juventud crea en muchas iglesias. No estoy en contra de las semanas de la juventud, pero tampoco estoy muy a favor.

Una semana de la juventud crea la idea de que los jóvenes solamente pueden servir a la iglesia durante una semana específica. La iglesia empieza a ver a los jóvenes como una especie inferior que no puede hacer mucho durante las otras 51 semanas del año.

Mi convicción es que los jóvenes son parte de la iglesia y Dios les ha dado dones y talentos. Si no dejamos que los jóvenes participen en el cuerpo de Cristo, estamos diciendo que "el ojo no es tan importante como la nariz."

Creo que los jóvenes tienen mucho que aprender de la iglesia, pero también la iglesia puede aprender y disfrutar mucho del servicio y presencia de los jóvenes.

Los Jóvenes y el Compromiso

Hay muchas personas que dicen que hay una falta de compromiso de parte de los jóvenes, y en muchos casos es verdad, pero ha sido mi experiencia que cuando aumentamos nuestras expectativas, la gente empieza a buscar maneras de alcanzar el nivel de compromiso que estamos buscando. Si no hemos retado a los jóvenes a participar en la iglesia, ¿cómo podemos saber si se comprometerán o no?

El Trabajo de la Iglesia

Tal vez hayas intentado poner a los jóvenes en posiciones de servicio y te han decepcionado. Mi consejo para ti es que recuerdes que esto va a pasar. Aunque creemos en los jóvenes, no podemos solamente ponerlos en una posición y dejarlos allí sin ningún apoyo de parte de la iglesia. La iglesia no debería hacer esto con nadie, menos con los jóvenes.

La iglesia debe proveerles a los jóvenes la oportunidad de servir, pero también debería caminar a lado de ellos mientras van aprendiendo cómo cumplir su rol dentro de la Iglesia. Si podemos apoyarles, mentorearles, y capacitarles, ellos van a comprometerse más con Dios y veremos mucho más impacto de lo que vemos con una simple semana de la juventud.

> "No hay nada que pueda detener a una generación movilizada para cambiar al mundo."

Los Dones Espirituales y tus Jóvenes

A la iglesia de Jesucristo no le hace falta talento. Dios nos ha dado todos los dones que necesitamos para cumplir la misión que Él tiene en la tierra, y los jóvenes y adolescentes tienen un rol muy importante en esta misión. Sin embargo, en muchas iglesias, los dones de los jóvenes se mantienen escondidos. Los adolescentes y jóvenes no se dan cuenta que sus talentos son importantes para Dios y que los pueden desarrollar en un ministerio para contribuir a Su misión en el mundo.

Uno de los trabajos importantes de los líderes juveniles es ayudar a los chicos a descubrir sus dones y desarrollarlos para el Reino de Dios. Si pudiéramos despertar al gigante dormido que es la juventud, podríamos alcanzar al mundo en esta generación. La tecnología, la facilidad de viajar, y el conocimiento que hay hoy en día en el mundo, nos hacen pensar que no hay nada que pudiera detener a una generación movilizada para cambiar al mundo. Por eso hacen falta líderes juveniles que busquen ayudar y apoyar a los jóvenes a descubrir y utilizar sus dones.

Los líderes juveniles que corren para ganar buscan ayudar a sus adolescentes y jóvenes a descubrir el ministerio que Dios tiene para ellos y les conceden responsabilidades. Estas dos cosas no son fáciles, y requieren mucho esfuerzo, pero vale la pena hacerlo. El mundo no ha visto aun lo que Dios puede hacer con una generación dispuesta a desgastarse en lograr Su misión.

Entonces, ¿qué hacemos? ¿Cómo ayudas a tus jóvenes a averiguar sus dones y talentos? ¿Cómo les exhortas a utilizarlos para la gloria de Dios? Son buenas preguntas y vale la pena explorar las respuestas. En las siguientes hojas nos dedicaremos al trabajo de pensar en cómo podemos encaminar a los jóvenes a descubrir su parte en el gran plan de Dios para el mundo.

La Biblia es la Base

Como en todos aspectos de la vida, la Biblia tiene que ser la base para exhortar a tus chicos a trabajar para el

Reino de Dios. Si no entienden que Jesús murió por ellos y que su ministerio es un acto de agradecimiento, respondiendo a su gracia, no trabajarán con un corazón dispuesto y no durará su ministerio. La mayor parte del ministerio que cualquiera de nosotros ejercitamos es un ministerio de servicio. En otras palabras, tus jóvenes tienen que entender que el ministerio no es para exaltarse a sí mismos sino para exaltar a Jesús. Aprendamos esto. Prediquémoslo. Vivámoslo.

Cuando tus jóvenes entienden que su ministerio es una respuesta a la gracia de Dios, empezarán a buscar cómo servirle en el ministerio. Es una reacción natural a lo que ha sucedido. No podemos quedarnos quietos cuando nos damos cuenta de las maravillas de nuestro Señor. Dios ha puesto un deseo de servirle en el corazón de cada uno de sus seguidores. El Espíritu Santo nos impulsa a buscar cómo extender el Reino de Dios en la tierra. Sólo tenemos que leer los evangelios para entender que los verdaderos cristianos quieren hacer algo para su Señor. Pero muchos adolescentes y jóvenes no saben qué pueden hacer. Es en esos momentos cuando tú puedes servir a tus muchachos, guiándoles a ver cómo Dios les ha creado para servirle.

Jeremías era joven cuando Jesús le llamó a ser profeta al pueblo de Israel. Su padre era sacerdote, y seguramente Jeremías tenía experiencia en las cosas de

Dios. El problema fue que había aprendido algo que les enseñamos a los jóvenes de nuestras iglesias por medio de nuestras actitudes.

Cuando Dios le dijo que quería que fuera profeta, Jeremías contestó: "Pero yo soy joven. No se hablar." Puedes leer toda la historia en el primer capítulo de Jeremías, pero estoy seguro que Jeremías estaba diciendo lo que muchos le habían dicho antes. "No tienes la experiencia ni las habilidades para hacer una diferencia. Nadie te va a hacer caso. No intentes hacer nada para Dios."

Estoy convencido de que Dios quiere usar a los adolescentes y jóvenes en su obra. ¡Los adolescentes y jóvenes cristianos tienen dones espirituales! Sirven para mucho más que recolectar la ofrenda o tocar en el grupo de alabanza. Los jóvenes y adolescentes son el recurso menos utilizado en el pueblo de Dios, y ha sido así por muchos años.

El Espíritu Santo, al llegar a la vida de una persona, le da dones para usarse en la obra de servicio de la iglesia.

Un Mirada a los Dones Espirituales

El entendimiento de los dones espirituales no es un misterio. Dios no está escondiendo el hecho de que nos reparte dones por medio de su Espíritu (1 Corintios 12:11). Nos ha explicado mucho acerca de los dones espirituales. Por eso, podemos pasar unos momentos viendo lo que la Biblia dice acerca de los dones espirituales.

En 1ª de Pedro 4:10, nos dice que los dones espirituales son la gracia de Dios hecha visible por medio de una acción especifica que sirve a otros. Nuestros dones son la manifestación de la gracia de Dios para el servicio de Su iglesia. Cuando no ponemos al servicio nuestros dones, o no dejamos que los jóvenes usen sus dones, no estamos administrando fielmente la gracia de Dios.

Es importante entender que no todos tienen el mismo don o la misma manifestación del don (Efesios 4:7, 1ª Corintios 12:4-6). Son diferentes dones para cada persona. No todos somos iguales. La iglesia tiene diferentes dones espirituales, aunque tiene el mismo Espíritu. Además, aunque algunos tengamos los mismos dones, no se manifiestan de la misma forma. No todos que tienen un don de enseñanza usan los mismos métodos didácticos para enseñar a otros.

El propósito de los dones no es para presumir qué tan buenos somos para algo o para sentirnos mejor que otro (1ª de Pedro 4:10). Los dones existen para el servicio de

Dios. Ten cuidado con pensar que tu don es mejor que el que tiene otro.

Los resultados del uso de los dones espirituales son la responsabilidad de Dios. Primera de Corintios 12:6 nos dice claramente: "Hay diversas funciones, pero es un mismo Dios el que hace todas las cosas en todos." Las funciones de los dones y los resultados vienen de nuestro Dios. Nosotros tenemos la bendición de ser usados por Él, y sólo Dios recibe la gloria por lo que hace por medio de nuestros dones (1ª de Pedro 4:11).

Lo que sigue es una lista de algunos dones espirituales que se pueden encontrar en el libro, "Tus Dones Espirituales te Ayudan a Crecer" (Your Spiritual Gifts can Help You Grow) de Peter Wagner[5].

Administración - La habilidad de crear planes efectivos para lograr las metas del Cuerpo de Cristo – (1ª de Corintios 12:28)

Discernimiento - La habilidad de distinguir entre lo verdadero y lo falso en el carácter de alguien. (1ª de Corintios 12:10)

---

5 5 C. Peter Wagner, Your Spiritual Gifts Can Help You Grow

Animar a Otros - La habilidad de fortalecer, tranquilizar, y afirmar a la gente que está vacilando en su fe. (Romanos 12:8)

Evangelismo - La habilidad de compartir el evangelio con otros de una manera en que respondan al mensaje y sigan a Jesucristo. (Efesios 4:11)

Fe - La habilidad sobrenatural de confiar en que Dios va a llevar a cabo su plan, a pesar de los obstáculos visibles. (Romanos 12:6; 1ª de Corintios 12:9)

Dar - La habilidad sobrenatural de contribuir con recursos materiales a la obra de Dios con una actitud de generosidad y de gozo. (Romanos 12:9)

Sanar - La habilidad sobrenatural de servir como vínculo por medio del cual Dios sana a los enfermos y los quebrantados de corazón. (1ª de Corintios 12:9)

Hospitalidad - La habilidad sobrenatural de amar a desconocidos y suplir sus necesidades. (Romanos 12:13)

Intercesión - La habilidad de llevar a la gente y sus necesidades a Dios de manera constante hasta que haya una respuesta satisfactoria a la oración. (Romanos 12:12)

Interpretación - La habilidad sobrenatural de traducir las lenguas a un mensaje claro. (1ª de Corintios 12:10)

Liderazgo - La habilidad sobrenatural de poner metas para el cuerpo de Cristo y motivar a otros a trabajar juntos para lograr esos objetivos. (Romanos 12:8)

Misericordia - La habilidad sobrenatural de tener compasión por los que están sufriendo. (Romanos 12:8)

Milagros - La habilidad sobrenatural de servir como herramienta que Dios usa para hacer actos poderosos. (1ª de Corintios 12:10)

Misionero - La habilidad sobrenatural de usar los dones espirituales en otra cultura. (Efesios 4:11)

Profecía - La habilidad sobrenatural de proclamar la verdad de Dios con el propósito de corregir o animar al oyente. (1ª de Corintios 12:10)

Servicio - La habilidad sobrenatural de identificar las necesidades de otros y hacer uso de los recursos disponibles para suplirlas. (Romanos 12:7)

Pastorear - La habilidad sobrenatural de asumir responsabilidad por otros creyentes para que crezcan en su fe. (Efesios 4:11)

Enseñanza - La habilidad sobrenatural de comunicar las verdades espirituales de manera que ocurra el aprendizaje y crecimiento. (Romanos 12:7; Efesios 4:11)

Lenguas - La habilidad sobrenatural de trascender los patrones normales de idioma y comunicarse con Dios. (1ª de Corintios 12:10)

Sabiduría - La habilidad sobrenatural de poner en práctica el conocimiento Bíblico. (1ª de Corintios 12:8)

Como puedes ver, la Biblia habla de muchos dones que el Espíritu Santo nos ha dado a nosotros como parte de su iglesia. Estoy seguro de que tus jóvenes tienen dones espirituales, y tú y yo tenemos una gran responsabilidad: ayudarles a descubrirlos y ponerlos en práctica.

Como Ayudar a los Jóvenes a Descubrir sus Dones Espirituales

Como acabamos de ver, los dones espirituales son para todos los creyentes. Tus jóvenes y adolescentes necesitan entender que los dones espirituales también existen en sus vidas, y que su responsabilidad como cristiano es ponerlos en práctica.

Como líder, quieres ayudarles a descubrir sus dones, y hay algunas cosas que puedes hacer para caminar con ellos en este proceso.

Investigar las Posibilidades: Lee y estudia los tres capítulos clave de la Biblia que hablan de los dones espirituales (1ª de Corintios 12, Romanos 12, Efesios 4). Aprende qué son los dones, cuáles son sus características, y cómo funcionan en el cuerpo de Cristo, para que puedan tener una base Bíblica del proceso de descubrir sus dones.

Hazles una lista de preguntas acerca de las siguientes cosas: ¿Qué es lo que te gusta hacer? ¿En qué eres bueno? ¿Qué hace falta? ¿Cuáles necesidades hay en tu comunidad? Estas preguntas les guían a pensar en cómo Dios les ha formado durante el transcurso de su vida. Pero pensar que eres bueno para algo y ver una necesidad no es la única cosa que pueden hacer para descubrir sus dones.

Experimenta con una variedad de dones: Las evaluaciones y tests que ayudan a descubrir dones espirituales son buenos, pero también los sentimientos y reacciones de tus jóvenes y las observaciones de otros en la iglesia juegan un rol muy importante en el descubrimiento de cómo Dios nos ha creado para ser parte de Su cuerpo. Ayuda a tus jóvenes a poner en práctica los dones que sienten que tienen, para que puedan observar si realmente tienen éstos o no. Dales trabajos en el ministerio para ejercer los dones que piensan que tienen y podrán ver si lo que vieron en las evaluaciones realmente es la voluntad de Dios para sus vidas. No dejes que las evaluaciones tomen el lugar de la práctica en el ministerio.

Examinar sus Sentimientos: Dios ha creado a la iglesia para que sus miembros puedan funcionar bien juntos. Cuando tus jóvenes están cumpliendo su función en el cuerpo de Cristo, se sentirán satisfechos en su rol. Si les gustan sus intentos de ejercitar su don, lo pueden tomar como señal que están usando el don que Dios le ha dado.

Evaluar su efectividad: Los dones espirituales están diseñados para beneficiar a otros. Si tus jóvenes están usando sus dones, deberían ver resultados en las vidas de los demás. Si no ven resultados después de servir en un área específica, puede ser que no están usando el don que Dios le ha dado. Ten cuidado aquí, porque también puede ser que no les dieron suficiente tiempo. En la parte de evaluar la efectividad, anímales a orar por el valor de evaluarse honestamente y escuchar la dirección de Dios.

Esperar confirmación del cuerpo de Cristo: Nadie puede descubrir, desarrollar, y utilizar sus dones sin la ayuda de otros. Los dones existen para afirmar y animar al Cuerpo de Cristo, y si tus jóvenes tienen un don, Dios usa a otros para reconocerlo y confirmarlo. Si uno de tus jóvenes piensa que tiene cierto don pero nadie más esta de acuerdo, deberías ayudarles a investigarlo más y re-evaluar la situación.

En todos los principios, la clave es la oración. Nuestro trabajo es hacerles conscientes que tienen dones y que Dios quiere que los usen para su servicio.

Formar Equipos para que los Jóvenes Ministren

Juan era un muchacho que Dios había tocado con un corazón para servir en la iglesia. Entonces, fue con Jacob, su líder de jóvenes y le dijo acerca de su deseo de apoyar el ministerio juvenil. Por esto, Jacob comenzó a buscar lugares donde Juan podría servir. Sabía que el grupo de alabanza necesitaba alguien que les ayudara cantando en las reuniones de jóvenes. Lo que no sabía era que Juan no tenía mucho talento musical. Las ganas que Juan tenía no le ayudaban a cantar mejor, y el primer ensayo al que asistió les enseñó a todos los involucrados que Juan no era el mejor cantante. Entonces, empezaron a buscar otro ministerio en el que podía estar involucrado.

Después de pensarlo un poco, Jacob le dio a Juan una oportunidad de dar la plática un sábado en la noche. Resulta que tampoco era muy bueno para hablar en público.

Sudaba muchísimo y nadie entendía lo que quería decir. Fue un desastre total. El líder de jóvenes no sabía qué hacer, y Juan estaba muy desanimado. Se preguntaba: "¿Será que Dios no tiene un ministerio para mí?"

Unos días después Jacob invitó a Juan a tomar un café y empezaron a hablar de las cosas que le gustaba hacer. Juan le dijo que estaba estudiando gastronomía y le gustaba hacer galletas, pasteles, y otras cosas así. Se le ocurrió una idea a Jacob y se la dijo a Juan.

"¿Qué tal si empezamos un ministerio de bienvenida en que haces pequeños paquetes de galletas para los que nos visitan los sábados en la noche? Los podemos entregar el domingo después del culto de la mañana, y sería una manera de conocer a los nuevos jóvenes que nos están visitando. Si lo vas a hacer, necesito que te comprometas a hacerlo cada semana y también a reunirte conmigo para hablar de lo que Dios está haciendo en tu vida. ¿Le entras?"

A Juan le gustó mucha la idea y se comprometió a reunirse con Jacob, estudiar la Biblia, hacer las galletas, y entregárselas a los chicos que visitaban al grupo los fines de semana.

El siguiente sábado tres muchachos visitaron la reunión de jóvenes. Jacob les dio la bienvenida y les pidió sus datos, explicándoles que querían conocerlos mejor y entregarles un regalo el siguiente día. Después de la reunión, Juan fue directamente a su casa y se puso a hacer las mejores galletas que había hecho en su vida. Mientras hacia las galletas, oraba por los jóvenes que habían visitado al grupo.

El domingo, Juan no podía controlar su entusiasmo. Durante el culto, cantaba lo más fuerte que había cantado en su vida (y todos se dieron cuenta). Después, Jacob y Juan llevaron las galletas a los tres muchachos, y les invitaron al campamento que iban a tener el siguiente mes. Los jóvenes aceptaron su invitación, fueron al campamento, y recibieron a Jesús como su salvador.

Juan encontró a 3 personas más que podían participar con él en el equipo de "galletas de bienvenida", y llevaban las galletas a los visitantes cada semana. Empezaron a estudiar la Biblia juntos, y ahora Juan sirve como líder de este ministerio para toda la iglesia. No podía cantar. No podía predicar. Pero Dios quería usarlo en el ministerio.

La Realidad

En muchas iglesias si no puedes cantar o predicar, es difícil encontrar un ministerio. Los equipos ministeriales existen para ayudar a los jóvenes a encontrar un ministerio específicamente para ellos.

Dios nos ha dado diferentes talentos, y los líderes juveniles tienen la responsabilidad de ayudar a los jóvenes a poner en uso estos talentos y dones para servir a los demás.

Un equipo ministerial es un grupo de personas con habilidades similares y un corazón para usarlas en el servicio de Dios. Cada miembro del equipo se compromete tanto con el equipo como con Dios. El joven escribe su compromiso y lo firma, comprometiéndose a estudiar la Biblia, orar, participar en las actividades del grupo de jóvenes, y formar parte del equipo que va a ministrar.

Estos equipos comparten la Palabra de Dios, sus testimonios, y sus vidas con las personas, sirviendo en diferentes capacidades según el propósito del equipo. Los equipos ministeriales pueden servir a la iglesia local o la comunidad. Mucho depende del tipo de talento que tienen los muchachos del grupo.

Ejemplos de equipos ministeriales pueden ser: equipo de fútbol u otros deportes (evangelístico), equipo de diseño gráfico (servicio), equipo de bienvenida (evangelístico), grupo de alabanza (servicio), equipo de patinetas (evangelístico), etc.

Básicamente, puedes usar cualquier talento que los jóvenes de tu grupo tengan para empezar un equipo de ministerio. Siempre busca un compromiso de parte de los jóvenes tanto con el equipo como con Dios. Lo que queremos hacer es impulsarlos hacia un compromiso mayor con Dios, y lo harán si pueden usar sus talentos para El.

Déjalos Ministrar y Todo Cambiará

Un día el ejército del Dios de Israel se encontraba en una batalla con su enemigo más grande de esa época, el ejército de los Filisteos. Mientras el ejército del Pueblo de Israel se preparaba para la batalla, salía un famoso guerrero del enemigo que medía casi 3 metros, 120 veces durante cuarenta días para desafiar al ejército. Ninguno de los soldados Israelitas respondió en estos cuarenta días. De hecho, cuando salía el gigante, todos huían de él con mucho temor.

Esta era la escena cuando el pequeño pastor David apareció para entregar el pan y queso que su papá les había mandado a sus hermanos que estaban en el ejército. ¡Quién sabe cuánto tiempo habrían esperado los soldados de Israel si no hubiera llegado David! Una cosa es segura: no tenían mucho valor para enfrentar a Goliat. Hasta que el adolescente David llegó a su campamento.

David llegó y, después de evaluar la situación, dijo que él mismo podía pelear contra el filisteo. Cuando lo llevaron a Saúl y le dijo al rey que quería pelear contra el gigante, Saúl dijo las palabras que a menudo les decimos a nuestros jóvenes de la iglesia: "¡Cómo vas a pelear tú solo contra este filisteo! Tú no eres más que un muchacho." Pero David no se dio por vencido y explicó cómo Dios le había ayudado en el pasado a proteger las ovejas de su rebaño de un oso y un león.

Saúl se rindió y le dio permiso para salir a pelar en contra de Goliat, pero esperaba que peleara como él hubiera peleado, usando su uniforme, casco, y coraza. David ni podía caminar con estas cosas y optó por usar lo que tenía en la mano: su honda. La honda representa lo que David estaba acostumbrado a usar cuando estaba confiando en Dios. No necesitaba ponerse el uniforme de Saúl o usar sus métodos. Necesitaba usar lo que Dios le había dado.

Sabemos el resto de la historia y cómo David mató a Goliat y le cortó la cabeza, confiando en su Dios para ayudarle en la batalla. Pero también algo le pasó al ejercito de Israel: "Entonces los soldados de Israel y de Judá, dando gritos de guerra, se lanzaron contra ellos y los persiguieron hasta la entrada de Gat y hasta las puertas de Ecrón. Todo el camino, desde Sajarayin hasta Gat y Ecrón, quedó regado de cadáveres de filisteos. [53] Cuando los israelitas dejaron de perseguir a los filisteos, regresaron para saquearles el campamento."

Cuando el pueblo de Dios deja que los jóvenes ministren según sus dones y talentos, todo cambia. Lo que pasó en el caso de David y el ejército de Israel nos puede pasar a nosotros como iglesia si solamente dejáramos a los jóvenes ministrar.

Nos dará la valentía a los más experimentados. A muchos que tienen experiencia en el ministerio nos hace falta valentía para intentar cosas nuevas. Los soldados experimentados en la historia que encontramos en 1° de Samuel 17 le tenían miedo al filisteo, pero cuando vieron la fe de David, salieron al ataque y conquistaron a sus enemigos. El muchacho cambió la batalla para siempre.

Nos dará la victoria sobre nuestros enemigos. La fuerza del pueblo de Dios se vería si solo pudiéramos tener la confianza que los jóvenes tienen. Si los adultos pudiéramos seguir a los jóvenes con su valor y energía, el pueblo de Dios desafiaría a los gigantes y obtendríamos la victoria.

Le dará la honra y gloria a Dios. No era la voluntad de Dios que el ejército de Israel estuviera temblando enfrente de Goliat. Esta situación no le estaba dando honra y gloria al Dios todopoderoso. Era un acto de desobediencia que todo el ejército se escondiera cuando salía el gigante, y demostraba falta de confianza en el poder de Dios. Cuando David llegó y decidió derrotar a los enemigos de Jehová, Dios recibió toda la honra y gloria que Él merecía en ese día.

Nosotros, también, podemos darle la gloria y honra a Dios cuando dejamos que los jóvenes hagan lo que Dios les está pidiendo hacer, y cuando la iglesia y todos sus miembros empiezan a obedecerle con toda su fuerza.

Preguntas de Reflexión:

1. ¿Qué puedes hacer para ayudar a tus jóvenes a verse como misioneros en su comunidad?

2. ¿Cómo puedes darles más oportunidades de servir a los demás dentro y fuera de la iglesia?

3. ¿Tus jóvenes saben cuáles son sus dones espirituales? ¿Cuándo fue la última vez que hablaste de dones con tu grupo?

4. ¿Hay talentos escondidos en tu grupo que podrían ser útiles para empezar un ministerio?

5. ¿Cómo puedes cultivar la confianza para que puedan utilizar sus dones y talentos para servir a los demás?

CAPITULO 5
CUIDAR A TUS JOVENES

Los Jóvenes no necesitan más actividades, necesitan pastores.

Un día vi en el periódico que muchos jóvenes estaban haciendo una manifestación en mi ciudad. Ellos querían un lugar para patinar, y en muchos lugares los echaban por practicar su deporte enfrente de las tiendas y negocios de nuestra ciudad. Yo fui (con el permiso de mi pastor) a donde estaban para invitarles a patinar en el estacionamiento de nuestra iglesia. Construimos rampas para que pudieran divertirse haciendo algo que disfrutaban y empezamos a conocerlos y pastorearlos.

Nuestro ministerio con estos muchachos creció y empezaron a llegar mas de 100 jóvenes en patinetas cada semana a nuestra iglesia. Tuvimos un equipo de adultos que ministraba al grupo y buscaba amarlos como Cristo los ama. Todo esto fue porque mi iglesia veía una necesidad en la juventud y buscaba maneras de pastorearlos.

Si Jesús anduviera por las calles de nuestras ciudades y comunidades, vería a los jóvenes como ovejas sin pastor. Vería muchas necesidades en sus vidas, y tendría el deseo de hacer algo para ayudarles.

Al ver a las multitudes, tuvo compasión de ellas, porque estaban agobiadas y desamparadas, como ovejas sin pastor. «La cosecha es abundante, pero son pocos los obreros —les dijo a sus discípulos— "Pídanle, por tanto, al Señor de la cosecha que envíe obreros a su campo." - Mateo 9:36-37

Los Jóvenes no necesitan más actividades, necesitan pastores.

Muchos líderes de jóvenes (y las iglesias donde sirven) piensan que su trabajo es mantener activos a los jóvenes. Los jóvenes ya son muy activos. Tienen más actividades escolares, con sus amigos, del trabajo, y en la familia que nunca. No están buscando llenar sus calendarios con actividades sociales. Ya están suficientemente ocupados.

Lo que sí están buscando es una relación pastoral con alguien. Los jóvenes anhelan y buscan saber que alguien los toma en serio y realmente quiere saber cómo están. No necesitan más actividades. Necesitan más pastores.

El llamado a trabajar con la juventud es un llamado a pastorearla. Pero muchos de nosotros no sabemos por dónde comenzar en nuestra tarea de pastorear a los jóvenes. Por supuesto, nuestro mejor ejemplo de cómo pastorear viene del Buen Pastor.

Jesús dijo, "Yo soy el buen pastor. El buen pastor da su vida por las ovejas" – Juan 10:11. Jesús siempre será el mejor ejemplo de cómo ministrar a los jóvenes.

Hace poco leí en una de las redes sociales: "Ser PASTOR es un trabajo de alto rendimiento, ser PASTOR DE JÓVENES es casi un acto suicida."

Después de este comentario, vi la siguiente frase: "Necesitamos más gente dispuesta a dar la vida por Dios sirviendo a la juventud."

Creo que esta idea es lo que hay detrás de Juan 10:11. Un buen pastor está dispuesto a dar su vida por las ovejas. Nosotros debemos estar dispuestos a invertir nuestras vidas en los jóvenes.

Dios nos ha llamado a pastorear a los jóvenes, pero ¿cómo es un pastor?

¿Qué es Ser un Pastor de Jóvenes?

Hay muchas opiniones. Algunos dicen que un pastor de jóvenes es un planeador de actividades, otros dice que es un predicador, y hay muchas otras ideas sobre los pastores de jóvenes. En algunas iglesias, el líder de jóvenes tiene la responsabilidad de organizar las actividades de los jóvenes y mantenerlos ocupados para que no se metan en problemas.

Los líderes juveniles tienen una responsabilidad para pastorear a los jóvenes, y para hacerlo, tenemos que entender la idea Bíblica de la función de un "pastor."

La Biblia nos explica mucho de cómo podemos ser pastores, especialmente en el Salmo 23.

Las ovejas conocen al pastor y lo siguen – él los guía (Salmo 23:1-2). El hecho de que las ovejas conocen al pastor y lo siguen implica que tienen una relación con él. Nosotros tenemos que relacionarnos con los jóvenes y pasar tiempo con ellos. Esto es una inversión. Es un sacrificio. Pero los buenos pastores conocen a sus ovejas.

Las ovejas escuchan la voz del pastor – él los instruye (Juan 10). Los pastores son buenos maestros. Enseñan la sabiduría a las ovejas. Para nosotros, implica que nos esforzamos para ser mejores maestros. Estudiamos y nos preparamos para poder instruir a nuestros jóvenes.

Las ovejas tienen necesidades – el pastor conoce sus necesidades (Salmo 23:1, 5). Una gran parte del trabajo del pastor de jóvenes es entender las necesidades de los jóvenes. Hay necesidades básicas de la juventud, y hay necesidades específicas de cada joven. Tenemos que entender estas necesidades y buscar maneras de ayudar a los jóvenes pensando en sus necesidades.

Las ovejas pasan por peligros – el pastor los cuida y reconforta (Salmo 23:4). Hay muchos peligros en las vidas de los jóvenes. Pasan por muchas dificultades. Nuestro trabajo como sus pastores es cuidarlos, escucharlos, caminar con ellos en medio de las dificultades, y asegurarles que estamos con ellos.

Todo este trabajo de pastorear y mentorear a los jóvenes y adolescentes es la responsabilidad de toda la iglesia. El buen líder de jóvenes busca crear conexiones entre sus jóvenes y los adultos. Ahora vamos a enfocar nuestra atención a esta gran tarea del líder juvenil.

Las Relaciones Significativas con los Adultos

Algunos de mis recuerdos favoritos de cuando era joven son los momentos cuando iba a la casa de mi mejor amigo. Sus padres me trataban como si fuera uno de sus hijos, y siempre nos divertimos con ellos. Recuerdo que me incluían en las actividades de la familia, me llevaban a diferentes actividades, y me mentoreaban y aconsejaban cuando lo necesitaba.

Ellos sabían que mis papás estaban pasando por momentos difíciles en su matrimonio y querían ser un apoyo para mí durante ese tiempo de mi vida. La relación que tenia con ellos (y sigo teniendo) ha hecho una diferencia en mi vida.

Los jóvenes necesitan relacionarse con adultos, y el ministerio juvenil efectivo incluirá a los adultos en la formación de los adolescentes y jóvenes.

He platicado con muchos líderes de varias iglesias, y casi cada uno de ellos me ha platicado de una relación significativa que tenía con un adulto cuando era mas joven. Estas relaciones han impactado de una manera positiva a los que ahora son líderes.

En una investigación que hice sobre los ministerios juveniles efectivos, una de las características de los ministerios juveniles en los que los jóvenes continúan su caminar con Jesús es que buscan involucrar a los adultos en la vida de sus jóvenes.

> "La prioridad mas importante de la iglesia en su trabajo con los adolescentes es proveerles a los jóvenes oportunidades para tener diálogo y relaciones con adultos cristianos y maduros."
> - Mark DeVries

En su libro "El Ministerio Juvenil Basado en La Familia (Family Based Youth Ministry) , Mark DeVries habla de la importancia de involucrar a los jóvenes en la vida de la congregación, comparando muchos ministerios juveniles con un Micky Mouse que solo tiene una oreja. Dice que muchas veces existe la congregación y como algo aparte existe una pequeña iglesia de jóvenes.

DeVries dice, "La prioridad mas importante de la iglesia en su trabajo con los adolescentes es proveerles a los jóvenes oportunidades para tener diálogo y relaciones con adultos cristianos y maduros. Esta prioridad no requiere de un presupuesto masivo o un programa extenso. Pero si requiere de un grupo de líderes adultos en la iglesia que hará que la creación de relaciones entre los adultos y adolescentes sea la prioridad central del ministerio juvenil." [6]

Las investigaciones sociológicas sobre el desarrollo de los jóvenes dicen que las relaciones con los adultos son necesarias para que los jóvenes maduren completamente. El Instituto Search, en su lista de 40 Elementos Fundamentales del Desarrollo Sano de los jóvenes incluye la relación con adultos además de la familia en no menos de siete de los 24 atributos externos y fundamentales.[7]

Se puede argumentar, entonces, que los adolescentes y jóvenes necesitan las relaciones positivas con adultos que pueden servir como modelos para ellos. Estas relaciones les ayudan a desarrollarse física, emocional, y espiritualmente. El ministerio juvenil de la iglesia local está en una posición perfecta para proveer para esta necesidad.

La pregunta a la que tenemos que responder como iglesia es si vamos a llevar a nuestros jóvenes a la madurez espiritual, involucrando a los adultos en el ministerio, o si seguiremos haciendo lo que estamos haciendo, creando una cultura de separación total en la iglesia entre los adultos y los jóvenes, haciendo menos impacto en sus vidas.

---

[6] Mark DeVries, Family Based Youth Ministry, 41-42.

[7] The Search Institute, "40 Developmental Assets for Adolescents"

La tarea no será fácil, pero tenemos que buscar maneras de conectar a los jóvenes, a los adultos y a la iglesia local.

Conecta la Iglesia con tu Ministerio

Como acabamos de ver, es importante que los jóvenes de nuestras iglesias se relacionen con los adultos de la congregación. Las relaciones entre adultos y jóvenes son importantes para que los jóvenes vean ejemplos de personas que están siguiendo a Jesús. Esto resulta en que los jóvenes ponen en práctica su propia fe y viven una vida mas madura en Cristo.

En mi oficina del Seminario hay una foto de un hombre que ahora está en el cielo. Se llamaba Burton. Era uno de los ancianos de nuestra iglesia, y aunque tenía muchos mas años que los jóvenes del grupo, era una parte muy importante de nuestro ministerio.

Burton y su esposa, Barb, siempre me preguntaban acerca del ministerio juvenil de la iglesia. Eran como abuelos para muchos de los muchachos, y aunque no tenían un trabajo específico en el ministerio juvenil, su influencia en la vida de los muchachos era muy grande. Yo se que ellos pasaban mucho tiempo orando tanto por mis chicos como por mi vida. Cada ministerio necesita buscar la manera de relacionar a sus jóvenes con el resto de la iglesia.

Pero ¿cómo logramos que los jóvenes y los adultos se relacionen en la iglesia?

Para pensar en los consejos prácticos para poder relacionar a tus jóvenes con los adultos de la congregación, es necesario pensar en 2 cosas: nuestra filosofía (los principios que nos guían a hacer lo que hacemos) y nuestra estrategia (lo que hacemos).

Filosofía/Principios

Nunca tener eventos que chocan con los eventos de la iglesia. Si queremos que los jóvenes participen en las actividades de la iglesia, nuestra filosofía debe ser que no hacemos actividades para jóvenes cuando la iglesia tiene sus actividades

Nunca hablar mal de la iglesia, el pastor, o el liderazgo. Nunca debemos decirles a los jóvenes que no estamos de acuerdo con lo que están haciendo "los adultos" de la iglesia. No tienes que estar de acuerdo con todo lo que hace la iglesia, pero no hables mal del liderazgo enfrente de los jóvenes.

Busca invitar a los adultos a participar en algunas actividades. Tu filosofía tiene que ser que activamente buscas involucrar a los adultos en las vidas de tus jóvenes. ¿Cuántos adultos están involucrados en tu ministerio juvenil?

Estrategias/Programas

Involucrar a los Adultos Voluntarios. Busca una manera de involucrar a los matrimonios en tu ministerio. Es probable que en tu iglesia haya algunos que quieren involucrarse en el ministerio juvenil pero piensan que no los queremos. Invita a algunos adultos a comprometerse a ayudarte cada semana. Tu equipo de líderes debe incluir algunos adultos que puedan servir como modelos para tus jóvenes.

Oración por los jóvenes. Invita a un grupo de adultos a participar en tu grupo de oración por los jóvenes de la iglesia. A cada adulto le puedes dar una foto de uno de los jóvenes con su nombre y algunas peticiones. Estos adultos se comprometen a orar por su joven o adolescente por un periodo de tiempo. También los jóvenes pueden orar por los adultos.

Cena con los adultos. Puedes planear una cena con el fin de crear relaciones entre los jóvenes y los adultos. Si haces un evento así, tienes que incluir algunas dinámicas o rompehielos para que empiecen a hablar y jugar juntos. Si no, no se mezclarán los adultos con los jóvenes.

Eficacia en el ministerio juvenil

Ya sabemos que el trabajo del pastor de jóvenes es mucho. Nuestras listas de cosas que hacer siempre están creciendo. Pero hay una diferencia entre estar ocupado y estar ocupado en las cosas más importantes.

Para tener éxito, el ministerio juvenil debe ser dirigido por un líder capaz. Un líder capaz no siempre significa que vaya a ser el líder más popular o el más divertido. Pero significa que tiene algunas características esenciales. **Hay por lo menos 3 características del líder juvenil eficaz.**

Conoce la Biblia. El líder juvenil que va a poder ayudar a los jóvenes y guiarlos hacia la madurez espiritual tiene que conocer la Biblia. La teología y el estudio Bíblico son de muchísima importancia para el éxito de nuestros ministerios. El líder juvenil eficaz no solamente conoce la Biblia–la vive. El líder juvenil deja que la Biblia le guíe en su vida personal y ministerial.

Conoce la cultura juvenil. El líder juvenil que va a relacionarse con los jóvenes y les va a ayudar a ser discípulos de Cristo en este mundo tiene que estudiar la cultura y el contexto en el que viven los jóvenes. Su relevancia en sus vidas (y la relevancia de sus consejos y enseñanzas) dependen de la contextualización de las verdades Bíblicas en las vidas de los adolescentes, jóvenes, y sus familias.

Comprometido con el ministerio. El ministro de jóvenes entenderá que su compromiso con el ministerio le llevara al éxito. El ministerio juvenil, como cualquier otra cosa que vale la pena, requiere tiempo. Tu compromiso con Dios, con los jóvenes, y con el ministerio entre ellos es determinante en el resultado. La visión que el líder tiene para el ministerio juvenil tiene que ser una de largo plazo. El ministerio con jóvenes no es un escalón hacia el pastorado. Es un verdadero ministerio que requiere tiempo, esfuerzo, y compromiso de parte del liderazgo. Si no existe este compromiso, será muy difícil entrar al mundo de los jóvenes y ministrarles de manera adecuada.

Por supuesto, hay otras características de un líder eficaz, pero estas tres son las que más nos hacen falta como líderes juveniles. Una de las otras características es que el líder juvenil sabe relacionarse con los jóvenes.

Tips para Relacionarse con los Jóvenes

Nuestra habilidad de relacionarnos con los jóvenes de nuestros grupos es algo que definirá el éxito de nuestros ministerios. Si no podemos relacionarnos bien con los adolescentes y jóvenes, nuestros ministerios sufrirán. También tenemos que enseñar a nuestro equipo la importancia de relacionarse con los jóvenes.

En el ambiente de un ministerio juvenil efectivo, los líderes deben trabajar duro para relacionarse con los jóvenes y establecer contacto con ellos. Mucho de lo que se logrará en tu ministerio dependerá de las relaciones que se puedan establecer entre los jóvenes y los consejeros.

La siguiente lista te da una idea de algunas cosas prácticas que puedes hacer para relacionarte mejor con los jóvenes.

Atención enfocada – Dales toda tu atención durante el poco tiempo que estés con ellos. Recuerda que si les dieras toda tu atención todo el tiempo, no sobrevivirías. Dales toda tu atención por periodos cortos y podrás relacionarte más con ellos.

Atención sin distracciones – Mantente enfocado en la persona a pesar de las distracciones que llegan; la mayoría de las distracciones pueden esperar. Apaga tu celular o quita las otras distracciones y préstales atención.

Toma la iniciativa para pasar tiempo con ellos – Busca momentos en que los jóvenes no están buscando tu atención y toma la iniciativa para hablar con ellos.

Interactuar en grupos de tres – Alguien o algo mas hace que la conversación sea mas fácil. El tercer elemento en el grupo no necesariamente tiene que ser una persona. Puede ser un balón, un café, un helado, etc. El punto es que tienen algo (o alguien) mas en que pueden enfocarse y no solamente estar mirándose a los ojos.

Recuerda sus nombres – intencionalmente piensa en sus nombres y úsalos. Ya vimos la importancia de los nombres, pero es de tanta importancia que vale la pena mencionarlo aquí también.

Transparencia – Habla de los momentos que te dan vergüenza y sé un ejemplo. Sé transparente en tus conversaciones con los jóvenes. No les digas solamente lo que piensas que quieren escuchar.

Accesibilidad – Sé el tipo de persona con quien otros quieren estar. Sé una persona cálida que invita a otros a platicar.

Mostrar interés − Presta atención a lo que te está diciendo y usa tu conocimiento de la persona en tus futuras conversaciones.

Cosas en común − Busca cosas en tu vida que tienes en común con los jóvenes; las experiencias de un campamento o actividad te dan muchas cosas en común.

Altitud − ponte al mismo nivel que la persona para que la puedas ver a los ojos y hablar directamente con ella. Procura que las sillas en las que están sentados sean del mismo nivel.

Mírale a los ojos con una sonrisa − toma tu tiempo para reconocer a los demás y animarlos.

Sé constante con el respeto − trátalos con respeto siempre, estés donde estés, y sin importar quién esté contigo.

Evita el favoritismo − toma tiempo para conocerlos a todos.

Modela lo que enseñas − no esperes que hagan lo que no estás dispuesto a hacer.

Muestra empatía − trata de ponerte en sus zapatos y ver sus necesidades, no solamente sus acciones.

Sé amable − busca oportunidades de ayudarles; sé un siervo.

Usa palabras constructivas − ten cuidado con lo que dices, edifica con lo que dices (en todo).

Busca los momentos enseñables − las oportunidades para enseñar usualmente suceden cuando pasamos mucho tiempo con una persona; los jóvenes hablan de cosas importantes en los momentos menos esperados. Esos momentos no solamente pasan en el salón de clase.

Da consejo de manera aceptable − lo mas probable es que si el joven esta buscando tu consejo, te lo pedirá; si das consejo, dalo sin lastimar a la persona; piensa antes de hablar.

Entusiasmo − el entusiasmo comunica amor y atención; participar con todo tu ser te ayudará a relacionarte con ellos y ganará su respeto.

Perseverancia − ten paciencia y sigue trabajando con los jóvenes aunque parezca que no quieren responder.

Hay muchos consejos más, pero estos tips te ayudarán a relacionarte más con los jóvenes.

Como Tratar a los Demás

Un día compartí el tema de "Cómo construir el carácter" con un grupo de jóvenes. Les reté a pensar en su amigo ideal. Por supuesto, describieron su amigo ideal con las características normales que siempre se usan para describir a un buen amigo: fiel, confiable, siempre a tu lado, etc.

Después de esto, les expliqué lo que Jesús nos dice en Mateo 7:12. Durante el Sermón del Monte, Jesús enseña algo que ahora es muy conocido (pero poco practicado):

Así que en todo traten ustedes a los demás tal y como quieren que ellos los traten a ustedes. De hecho, esto es la ley y los profetas.

La enseñanza que estaba intentando comunicarles era esta: Seamos como nuestros amigos "ideales", buscando tener estas características en nuestras propias vidas, y empezaremos a construir el carácter que Dios quiere en nuestras vidas.

Esta enseñanza también se nos aplica a nosotros como líderes y pastores. Nosotros podemos pensar en nuestros pastores ideales. ¿Cómo son los mejores pastores y líderes que tienes en tu vida? ¿Cómo te han tratado? Si empezamos a aplicar lo que Jesús enseña en Mateo 7:12 a nuestros ministerios, tenemos que empezar a pastorear como nos gustaría que nos cuidaran.

Por supuesto, hay muchas otros factores, pero por lo menos es un buen comienzo para nuestras vidas y ministerios. Tratemos a los jóvenes como nos gustaría ser tratados.

Desarrolla estas Características en tu Vida

Hablamos mucho del liderazgo en la iglesia. Hay conferencias, libros, congresos, cumbres, y otros eventos de liderazgo. Sin embargo, muchos de nosotros no recordamos cuando nos convertimos en "líderes", y muchos no tenemos capacitación oficial en "el liderazgo." Pero podemos aprender mucho observando a los líderes que han tenido una influencia en nuestras vidas.

Un buen líder es un siervo – Un líder primero tiene que servir a los que quiere liderar. No seguiremos a un líder que no sabe servir. ¿Cómo puedes servir a los jóvenes de la iglesia y de la comunidad?

Un buen líder es humilde – La actitud de un líder tiene que ser una de humildad. Si podemos acercarnos a otros y buscar servirles, debemos tener la actitud correcta.

La humildad te da un liderazgo fuerte que da fruto. ¿Cuál es tu actitud? ¿Eres humilde? ¿Para qué quieres ser líder? Aun con tus éxitos y experiencia, ¿eres humilde?

Un buen líder es llamado – El llamado a ser líder es muy importante porque, además de otras cosas, te ayuda a perseverar en los momentos difíciles. ¿Sientes el llamado de Dios para guiar a otros? ¿Estás dispuesto a invertir en tu llamado?

Un buen líder es persistente – Un buen líder entiende que el ministerio juvenil es un maratón y no una carrera de 100 metros. Los resultados no se ven por mucho tiempo, si es que se pueden ver. Un buen líder esta listo para pasar 10-15 años o más de su vida invirtiendo en la vida de sus jóvenes.

Un buen líder es un estudiante – Los jóvenes se merecen un ministerio juvenil de calidad. Un buen líder juvenil busca maneras de aprender y mejorar en lo que está haciendo. Lee libros. Va a congresos. Busca mentores. Siempre está buscando maneras de capacitarse.

¿Tu Ministerio Durará Cientos de Años?

Quisiera pensar que mi ministerio tendrá un impacto por muchos años y que mucha gente llegará a Cristo por las cosas que hago cada día. Mi deseo para el ministerio es que la influencia que tiene sea algo que dure mucho más que mi corta vida aquí en la tierra.

La Biblia nos recuerda que nuestras vidas "son como la niebla, que aparece por un momento y luego se desvanece" (Santiago 4:14) Estoy seguro que nuestros ministerios pueden durar mas tiempo que nuestras vidas, y en 100 años la gente va a recordar lo que hicimos en el tiempo que estuvimos aquí. Creo que la Biblia nos enseña un principio de liderazgo para tener un ministerio duradero, y se encuentra en 2ª de Timoteo 2:2.

"Lo que me has oído decir en presencia de muchos testigos, encomiéndalo a creyentes dignos de confianza, que a su vez estén capacitados para enseñar a otros."

El principio Bíblico para tener un ministerio o una vida que dura mucho tiempo es invertir en otros. Jesús invirtió su vida en sus discípulos, y ellos hicieron lo mismo con las personas que Dios trajo a sus vidas, y así el mensaje se difundió y llegó a nosotros. Pero este proceso no se ha terminado. Es nuestra responsabilidad invertir en las personas para que ellas puedan impactar a otros.

> "Si quieres un ministerio que dura mucho tiempo, invierte en otros."

Por eso paso tiempo con los líderes juveniles, enseñándoles a invertir sus vidas en otros. Quiero seguir el ejemplo de Jesús, y quiero tener un impacto que dure por mucho tiempo. Entiendo que mi ministerio solamente durará si invierto en las vidas de otros.

Hay fotos en nuestro Seminario de los hombres y mujeres que hace muchos años decidieron dejar a sus familias y venir a México para invertir sus vidas y capacitar a siervos de Dios. Entendieron bien el principio que se encuentra en 2ª de Timoteo 2:2, y sirven como un gran ejemplo para nosotros.

¿Quieres que tu ministerio dure mucho tiempo? ¿Estás dispuesto a invertir tu vida en otros?

Acompañar a los Jóvenes

Uno de los cursos que comparto es para los que están entrando al ministerio juvenil de tiempo completo. Mi trabajo como profesor de esta materia es sentarme a platicar con mis estudiantes acerca de cómo les va con el trabajo en sus iglesias. Este bimestre decidí que también iría a su iglesia para observar lo que hacen y entrevistar a algunos de los muchachos de su grupo. Lo que me contaron me hizo recordar una de las cosas más importantes del ministerio con jóvenes.

Hice tres entrevistas con jóvenes de diferentes edades y experiencias en la iglesia local, y les pregunté acerca del trabajo de su pastor de jóvenes. Les pregunté acerca de lo que Dios ha estado haciendo en su vida, y una de las preguntas que hice fue: "¿Qué ha hecho el pastor de jóvenes para impactar tu vida?" Cada uno de ellos respondió con la siguiente respuesta:

Son como mis papás. Durante este tiempo de mi vida ellos han estado allí para mí. Me acompañaron durante estos años que han estado en la iglesia. Solo les puedo decir, gracias.

El ministerio con jóvenes se trata de caminar al lado de los jóvenes en las buenas y en las malas. Se trata de estar con ellos cuando ríen y cuando lloran. Es un trabajo de estar allí a las 3 de la mañana cuando necesitan platicar con alguien.

Si pensamos que las pláticas o los eventos que planeamos son las cosas que más están impactando a nuestros jóvenes (y si realmente tienen un impacto), hemos olvidado que el ministerio se trata de relaciones. Lo que más les importa a los jóvenes es saber que estás a su lado, caminando con ellos, y acompañándoles durante esta etapa difícil de la vida.

Te quiero recordar que acompañar a tus jóvenes es lo que más impacta sus vidas. Estudia la Biblia. Prepárate para dar los estudios. Programa bien las actividades, pero acompaña a tus jóvenes y escúchales también. Esto hará una diferencia para siempre.

El Tipo de Persona que los Jóvenes Buscan

Muchas veces me siento inútil en el ministerio. No tengo todas las respuestas. De hecho, la mayoría de veces tengo más preguntas que respuestas. Y muchas veces pienso que los jóvenes o sus padres me van a preguntar cosas difíciles, o van a decir cosas que me incomodan y no sabré como responderles.

Nos pasa a muchos líderes juveniles. Escuchamos algo de nuestros jóvenes y nos detenemos un poco porque después de analizar la situación pensamos que no somos la persona adecuada para ayudar. Pensamos que nuestros muchachos quieren la ayuda de algún experto o que van a querer hablar con el pastor de la iglesia, o con alguien con un poco más experiencia que nosotros. Pero no siempre es así.

Los jóvenes no siempre están buscando hablar con expertos. Por supuesto, quieren consejo para salir de sus problemas o arreglar la situación en la que se encuentran, pero hay básicamente dos cualidades que están buscando en los consejeros, y son cualidades que cada uno de nosotros podemos desarrollar.

Los jóvenes están buscando consejeros o amigos que sean accesibles y estén dispuestos a ayudar. Estas dos cualidades son más importantes que cualquier otra característica que podamos tener cuando se trata de apoyar y escuchar a los adolescentes y jóvenes en medio de situaciones difíciles.

Esto me ha quedado mas claro en los últimos 2 o 3 meses. Se me han acercado varios muchachos con diferentes problemas y dudas, y sólo ha sido porque he estado dispuesto a escucharlos y buscar maneras de ayudar. Ha sido sorprendente para mí porque no soy muy bueno para la consejería, pero puedo ser accesible y estar dispuesto a ayudar.

No tenemos toda la experiencia del mundo. No podemos contestar a todas sus dudas, pero si nos esforzáramos por ser accesibles y estar dispuestos a ayudar a la juventud, estaríamos en el lugar correcto para ayudar a muchos de los adolescentes y jóvenes de nuestras comunidades e iglesias.

Si hubiera cinco o seis adultos o líderes dispuestos a ayudar y ser accesibles para los adolescentes y jóvenes de tu iglesia, ¿cómo cambiaría tu ministerio juvenil? ¿Habría un gran impacto?

El Secreto de Lograr la Unidad en Tu Grupo

Levanta la mano si quieres lograr la unidad en tu grupo de jóvenes. Vi que levantaste la mano. Esta es una de las preguntas que todos respondemos con un "si, por supuesto." (Puedes bajar la mano).

La unidad es un elemento importante para el ministerio, y quiero compartir contigo un secreto para lograrla en tu grupo de jóvenes.

Un día un amigo me dijo, "He estado trabajando para lograr la unidad entre el grupo de jóvenes, y aun no he obtenido los resultados que quiero. ¿Qué recomendaciones me darías para lograr que seamos mucho más unidos como ministerio juvenil?"

Le contesté con una respuesta rápida: "Dale mas tiempo. Jeje. Te contesto en serio mañana."

Mientras mas pensaba en la pregunta, más sentido tenía mi respuesta. Si buscas lograr la unidad en cualquier grupo de personas, tienes que pasar tiempo trabajando en ello.

Para Lograr La Unidad, Llena el Tiempo Con Estas Cosas

Entiendo que la respuesta, "Darle mas tiempo" no es muy práctica, y no es lo que queremos escuchar. Por eso quisiera hablar de cosas que puedes hacer durante ese "tiempo" para lograr la unidad.

Planea Experiencias Compartidas – Aunque creo firmemente que el trabajo de un pastor de jóvenes no es entretener a los jóvenes (algún día te explico mas de mi punto de vista) o ser director de actividades, creo que crear "experiencias compartidas" es una gran parte de tu trabajo como líder juvenil o ministro de jóvenes.

¿Qué quiero decir con la frase "experiencias compartidas"? Me refiero a las actividades que haces con alguien para que tu relación crezca y puedan compartir cosas más personales. Jugar un deporte, comer juntos, o tomar un viaje como grupo ayuda a fomentar la unidad en tu grupo.

Desarrolla un Ambiente Abierto – Las personas unidas son así porque han compartido cosas intimas. Si puedes crear un ambiente abierto en tu grupo lograrás que el grupo sea más unido. Un ambiente abierto es un lugar de confianza donde se puede hablar de las cosas importantes de la vida. Si no lo puedes lograr con todo tu grupo, busca maneras de crear estos espacios para los jóvenes. Los grupos pequeños o equipos ministeriales pueden servir para esto.

Entiende a tus jóvenes – Si tu equipo de liderazgo puede entender a los chicos de tu grupo y pasar tiempo con cada uno de ellos, puede ayudar a que el grupo se entienda más, y esto ayudaría a lograr más unidad entre todos. Esto significa pasar tiempo con ellos, platicando de sus vidas y escuchándolos bien.

Estas cosas que menciono ayudan a lograr la unidad, pero el secreto está en darle tiempo a tu grupo para conocerse. Recuerda que el ministerio juvenil requiere tiempo.

Líderes Como Moisés

Cuando era adolescente, tuve el privilegio de tener a un buen pastor de jóvenes. Cuando yo pasaba por situaciones difíciles, sabía que siempre contaba con él para escucharme (aunque, como buen adolescente, no le contaba mucho) y darme consejo.

Muchos cometemos el error de pensar que el liderazgo juvenil solo se trata de hacer crecer el grupo de jóvenes de nuestra iglesia, enseñar la Palabra de Dios de forma emocionante, y animar al grupo a comprometerse con Dios. Todas estas cosas son muy buenas y necesarias, pero un aspecto importante y muchas veces olvidado del liderazgo juvenil es lo que Dios esta haciendo en nuestras vidas como líderes.

Hay una relación en el antiguo testamento a la que no prestamos mucha atención, pero era una relación clave para el éxito del Pueblo de Israel, y sirve como un buen ejemplo para nosotros. Éxodo 24:12-13 nos dice lo siguiente:

El Señor le dijo a Moisés, "Sube a encontrarte conmigo en el monte, y quédate allí. Voy a darte las tablas con la ley y los mandamientos que he escrito para guiarlos en la vida." Moisés subió al monte de Dios, acompañado por su asistente Josué.

Luego vemos en Éxodo 33:11 que "Hablaba el Señor con Moisés cara a cara, como quien habla con un amigo. Después de eso, Moisés regresaba al campamento; pero Josué, su joven asistente, nunca se apartaba de la Tienda de reunión."

Cada joven necesita a un Moisés. Moisés tenía 80 años cuando Dios lo usó para sacar al Pueblo de Israel de Egipto. No era muy joven. Josué era su asistente y seguramente pasaba mucho tiempo con él. Cuando se habla de los líderes más fuertes de la historia, se habla mucho de Josué. Un estudiante de la Biblia sabe que Josué aprendió mucho acerca del liderazgo viendo la vida de Moisés, y nuestros jóvenes pueden aprender mucho de nosotros si somos como él.

Nuestro trabajo como líderes juveniles es convertirnos en el Moisés para nuestros jóvenes, pero no sabemos mucho acerca de la relación entre Moisés y Josué. La Biblia habla más de la relación entre Moisés y Dios. Este detalle nos dice mucho.

Si vas a ser el Moisés que necesita la nueva generación, enfócate en tu relación con Dios.

Los pasajes que vimos de Éxodo 24 y 33 nos dicen algunas cosas importantes acerca de la relación que Moisés tenía con Dios.

Moisés escuchó (y obedeció) la voz de Dios (24:12) – tenemos que estar buscando la voluntad de Dios para nuestras vidas y ministerios. Busca escuchar la voz de

Dios en cada momento. Esto fue lo que cambió la vida de Moisés y afectó a su asistente Josué.

Moisés entendió la ley de Dios (24:12-13) – Estudiar la Palabra de Dios es una de las mejores cosas que podemos hacer para impactar a las nuevas generaciones. La juventud está buscando a alguien que les guíe con los principios que se encuentran en la Biblia. Si no estamos entendiendo la ley de Dios, meditando en ella, ¿cómo esperamos guiar a los jóvenes en el camino del Señor?

Moisés se hizo amigo de Dios (33:11) – Moisés habló cara a cara con Dios, como un hombre habla con su amigo. Uno se hace amigo con Dios por medio de la oración. Tu tiempo de oración te acerca a Dios y te moldea para ser un mejor líder de jóvenes. Busca hacerte amigo de Dios por medio de la oración.

Nuestros jóvenes merecen líderes que escuchen la voz de Dios; que entienden la ley de Dios, y que son amigos de Dios porque pasan tiempo buscando Su rostro.

> Si vas a ser el Moisés que necesita la nueva generación, enfócate en tu relación con Dios.

¿Por Qué Los Líderes no Alcanzan su Potencial?

Un día mi familia y yo salimos de la casa para subirnos al carro e ir de compras. Solo había un problema: el carro no quería arrancar. La batería estaba muerta. La situación no tenia sentido porque compramos la batería hace menos de un año, y no habíamos dejado las luces prendidas ni nada por el estilo.

Cuando salí de la casa para ver el carro, me di cuenta que la cajuela estaba abierta. Nuestra niña de 2 años estaba jugando con las llaves hace unos días y había presionado el control para abrir la cajuela. El carro tenia 2 días con la cajuela abierta (solo un poco) y esto había causado nuestro problema.

Muchos de nosotros andamos en la vida con el mismo problema. No nos damos cuenta que algo está vaciando nuestras vidas del potencial que tenemos. Pensamos que todo es normal, pero cuando queremos avanzar nos damos cuenta que hay cosas que poco a poco nos han vaciado.

"Muchos de nosotros no nos damos cuenta que algo esta vaciando nuestras vidas del potencial que tenemos."

Puede ser un pecado "chiquito" que parece que no te afecta, pero que al momento de requerir todo el poder de Dios, te encuentras con la pila muerta porque no se lo has rendido a Dios todo. Rechaza estos pecados para mantener tu relación con Dios en buen estado.

Puede ser un pequeño error en como tratas a la gente. Te preguntas por qué no te hacen caso los muchachos de tu grupo de jóvenes, pero es porque no has invertido el tiempo necesario para establecer una buena relación con ellos antes. Josh McDowell dice que "reglas sin una relación solo producen rebeldía." Procura hacer bien las cosas pequeñas para mejorar tus amistades con la gente. Solo así podrás tener una influencia positiva en sus vidas.

También, puede ser que sientas que nunca tienes suficiente tiempo para hacer todo lo que necesitas hacer. Dios te da todo el tiempo necesario para hacer todo lo que te ha llamado a hacer. El problema es que desgastamos nuestro tiempo haciendo cosas que no son importantes. Maneja bien tu tiempo y te darás cuenta que tienes tiempo más que suficiente para hacer las cosas importantes.

Como puedes ver, hay muchas cosas chiquitas que pueden ir vaciando nuestras vidas. Jesús quiere que tengamos una vida abundante, con todo su poder a nuestra disposición. Tenemos que pedir su ayuda para cuidarnos de

las cosas que nos están quitando el poder que nos ha dado
para ser instrumentos a Su servicio.

Preguntas de Reflexión:

1. ¿Qué estás haciendo para ser accesible a los jóvenes? Si estás dispuesto a ayudar, ¿lo saben los jóvenes? ¿Cómo lo saben?

2. ¿Cuáles "experiencias compartidas" tienes planeadas para tu grupo en el próximo mes? ¿Cómo fomentarías la unidad en estos días?

3. ¿Estás tomando las medidas para enfocarte en tu propia vida espiritual? ¿Qué debes cambiar?

4. ¿Cuáles son las cosas "chiquitas" que te están afectando de alguna manera? ¿Qué harás para mejorar estas situaciones?

5. ¿Qué puedes hacer para que los jóvenes sepan que cuentan contigo y con tu equipo si quieren platicar?

CONCLUSION
TODO LO QUE VALE LA PENA REQUIERE TIEMPO

Cuando los corredores de las Olimpiadas entran al estadio para competir en la carrera, obviamente se han esforzado mucho para llegar a ese momento. Es el resultado de mucho tiempo y dinero invertido, y se acaba en unos momentos. Solo uno va a ganar, y para muchos, participar en la carrera es su premio.

Todo lo que vale la pena requiere una inversión de tiempo. El ministerio con jóvenes definitivamente vale la pena. La inversión que estamos haciendo en sus vidas cada día dará fruto, sea en las vidas de los jóvenes o en nuestras propias vidas. Pero hay que esperar para ver los resultados que queremos.

Mi familia y yo estamos pensando en comenzar a sembrar vegetales en nuestro jardín. Mis hijos ahora han crecido y pueden ayudar a plantar algunas cosas y cuidar el jardín. El problema es que no somos muy pacientes. Cuando vemos los paquetes de semillas que pensamos sembrar, muchas veces dicen que la cosecha vendrá en 180 días o más. Y soy muy impaciente. No quiero esperar tanto para comer algo que puedo ir a comprar en el mercado.

Si la madurez de una semilla es algo valioso y requiere tanto tiempo, imagínate cuanto tiempo se necesita para madurar a una persona. Los líderes juveniles (y los padres) nos frustramos porque esperamos que haya resultados inmediatos con nuestros jóvenes, pero se nos olvida el tiempo que nos ha costado llegar a donde estamos hoy y especialmente se nos olvida de cuánto nos falta para llegar a la meta de ser como Cristo. Es fácil olvidarnos de las cosas que hemos aprendido en nuestro caminar con Cristo (especialmente las cosas que aprendimos a través de nuestros errores, que Dios usa mucho para llevarnos a la madurez).

Cuando mi hijo de tres años deja caer el vaso de leche, me cuesta trabajo recordar que tiene tres años y que van a pasar más accidentes mientras vaya madurando. Es mas fácil enojarme con él que tomar el tiempo para recordar que solo tiene tres añitos y que aún debe aprender como cargar un vaso de leche. Tengo que recordar que de vez en cuando a mí se me caen los vasos de leche también (y tengo más de tres años).

Muchos de nuestros jóvenes tienen poco tiempo de seguir a Jesús, y no importa cuántas veces les hayamos enseñando algo, tenemos que recordar que están en el proceso de madurar y que todavía no han llegado a la meta. Nosotros tampoco hemos llegado a la meta.

Qué bueno que tenemos a un Dios paciente que sabe que "Todo lo que Vale la Pena Requiere Tiempo."

APENDICE

30 CUALIDADES DE MINISTERIOS JUVENILES IMPACTANTES

Todos queremos ministerios de impacto. Queremos que lo que hacemos tenga una influencia positiva en las vidas de los jóvenes y sus familias que buscamos servir.

No nos gusta hablar mucho del "éxito" en el ministerio. El éxito en el ministerio es un poco difícil de definir. Es muy variable. Si les pidieras a 2 o 3 diferentes muchachos de tu iglesia que calificaran tu ministerio, cada uno te daría una calificación diferente.

Sin embargo, estoy convencido que los ministerios juveniles que tienen una influencia positiva en las vidas de los chicos de nuestras comunidades e iglesias tienen algunas cosas en común.

Un Ministerio Juvenil de Impacto...

1. Involucra a los padres y otros adultos.
2. Provee un lugar de confianza para cuestionar las creencias espirituales.
3. Reta a los jóvenes a pensar mucho en su fe y ponerla en práctica.
4. Ayuda a los jóvenes a descubrir sus dones.
5. Deja que los jóvenes pongan en práctica sus dones y talentos.
6. Entiende que las personas son más importantes que los programas.
7. Busca ayudar a los jóvenes que están sufriendo.
8. Ayuda a las familias lastimadas.
9. Ayuda a los padres con su responsabilidad de educar y discipular a sus hijos.
10. Acepta todo tipo de adolescente y joven.
11. Provee a los jóvenes la oportunidad de servir a su comunidad.
12. Crea una estructura de apoyo que existirá para siempre en la vida del joven.
13. Tiene líderes a quienes rendir cuentas para su propio crecimiento espiritual.

14. Conecta a los jóvenes a la iglesia local.

15. Enseña las verdades de la Biblia.

16. Anima a los jóvenes a estudiar la Biblia por sí mismos.

17. Ayuda a los jóvenes a desarrollar su vida de oración.

18. Enseña a los adolescentes y jóvenes a discernir lo que es bueno y lo que es malo.

19. Comunica la Biblia claramente y de manera creativa.

20. Anima a los jóvenes a compartir su fe con sus amigos.

21. Depende de los dones y talentos de un equipo (no de un solo líder).

22. Busca honrar a Jesús en todo lo que hace.

23. Persiste aun cuando los jóvenes no se comprometen.

24. Les da a los jóvenes oportunidades de ser líderes y los capacita para hacerlo.

25. Lleva a los jóvenes a adorar verdaderamente a Jesús.

26. Se deja guiar por el Espíritu Santo.

27. Enfatiza la oración.

28. Entiende que el ministerio no solamente se trata de los muchachos de la iglesia.

29. Ve la escuela local como un campo misionero.

30. Entiende que el crecimiento espiritual es un proceso que a veces va más lento de lo que los líderes quisieran.

SOBRE EL AUTOR

Dennis Poulette estudió ministerio juvenil y teología, y ha trabajado con jóvenes desde 1994. Es el director de Ministerio Juvenil Internacional en América Latina. Es profesor de ministerio juvenil en el Seminario Teológico Bautista Mexicano y otras instituciones en México y otros países. Su trabajo y visión es capacitar a líderes juveniles que trabajan con los casi 500 millones de jóvenes en América Latina (claro, cuando no está comiendo tacos).

Puedes conectarte con él en Twitter (@minjuvenil), Facebook (facebook.com/minjuvenil), y en su página web ministeriojuvenil.com.

SOBRE MINISTERIO JUVENIL INTERNACIONAL

Ministerio Juvenil Internacional es una organización dedicada a la capacitación de líderes juveniles en todo el mundo. Hacen alianzas estratégicas con Seminarios Teológicos e Institutos Bíblicos para crear programas de capacitación de manera formal (licenciatura, maestría, y doctorado) para los que Dios ha llamado a servir la juventud.

También ofrece talleres, seminarios de un día, conferencias, y conejo sobre el ministerio juvenil. Su objetivo es capacitar a líderes juveniles para las iglesias locales del mundo. Si deseas saber mas acerca de Ministerio Juvenil Internacional y su misión, ingresa a ymitraining.com.